グローバル関係学 2

「境界」に現れる危機

グローバル関係学 2

「境界」に現れる危機

編集 松永泰行

岩波書店

刊行にあたって

二一世紀に入り、ＩＳなど武装勢力の突発的な出現、国家破綻と内戦の頻発、路上抗議行動の連鎖など、世界で動乱が多発している。大規模な人の移動が発生し、反動で排外主義や偏狭なナショナリズムが進行している。新型コロナウイルスの世界的感染拡大は、「グローバルな危機」そのものだ。

これらの「グローバルな危機」の、広範な波及性や連鎖性、唐突さは、必ずしも現代にのみ特徴的なものではない。しかし、その原因や背景の多くについて、主に欧米の国家主体を分析対象としてきた従来の学問分野は、十分に解明できていない。なぜなら、既存の学問分野が「主語」のある、主体の明確な出来事しか分析対象とせず、伝統的、古典的な主体中心主義の視座を取っているために、今起きている現象とますます乖離してきているからである。

それに対して、本シリーズが提唱する「グローバル関係学」は、主体よりもその間で交錯するさまざまな「関係性」を分析することに重きを置く。関係性が双方向、複方向的に交錯し連鎖するなかで出来事が起きると捉え、関係性の網のなかにこそ、澱や瘤のように「主体」が浮き彫りになると考える。

「グローバル関係学」とは、狭い範囲の地域共同体から超領域的グローバルなネットワークまで、非欧米世界を含めた世界を総体として把握する視座を確立し、主体中心的視座で「みえなかった／みなかった」ものを、関係中心的視座から「みえる」ようにすることを目的とする新しい学問である。

（編集代表　酒井啓子）

目次

序　章　「境界」に現れるグローバルな危機の関係学

松永泰行

はじめに

この「グローバル関係学」シリーズの各巻では、これまでのグローバリゼーション研究とはいくつかの点で異なるものを目指している。

まず分析の対象の側面において、巻頭の「刊行にあたって」に記されているとおり、「グローバルな危機」を解明するための新たな視座からの関係学であるとの位置づけであるため、「危機」に焦点を当てていること。さらに既存の視座や研究手法ではうまく捕捉あるいは説明できないという意味での「新奇な」危機的事象に焦点を当てていること。これらの二点において、「グローバル関係学」は、既存のグローバリゼーション研究や、これまでの国際関係論のアプローチとは異なる強調点を巻き込むものである。

同様に、「危機」の原因や背景に関する側面、すなわち何が本シリーズで取り上げる危機的事象を引き起こしているかという側面に関しても、これまでの既存研究のアプローチとは違いがある。「グローバル関係学」では、説明を要する「グローバルな危機」の背景に、グローバリゼーションという現象があるとしても、かならずしも、それが「危機」を直接的に引き起こしているとは想定しないという立場をとる。

言い換えると、この「グローバル関係学」シリーズでは、対象とする危機的現象も、それらの原因や背景も、それら自体が「新しいもの」であるとの想定から出発することはしない。むしろ、「グローバル関係学」では、現象やその原因自体が新奇であるというよりも、対象に向き合う我々のアプローチ自体が旧態依然なものであるために、その説明がますます困難であると思われる現象を、新たな視座から説明することを目指している、といった方がより趣旨に近い。そのような前提のうえで、なんらかの関係性に着目しながら「危機」の分析を目指している点において、「グローバル関係学」は、既存のグローバリゼーション研究やこれまでの国際関係論とは異なる、新たな問題意識や方向性をもつものであるといえる。

なぜこのような意味合いでの「グローバル関係学」が必要とされ、またどのような新たな視座と方法論でそれを追求しようとしているのかについては、より詳しくは本シリーズ第1巻（『グローバル関係学とは何か』）を参照して頂きたいが、これらの点について、筆者（本巻の編者）が第1巻の担当章において纏めた部分を引用すると、次のとおりである。

> 離れた地点で生起する一見無関係な社会現象が、全世界的な規模におけるレベル・種類・性格を

異にする主体・現象間の連結性の増加（いわゆる広義のグローバリゼーション）という総体的な背景の下で、容易には理解しがたい形の複雑な過程を介して繋がっているとの指摘（例えばUrry 2003）には、一定程度の尤もらしさ（plausibility）が見て取れる。現代のグローバル化した世界を背景とする種々の危機的な社会現象（「グローバルな危機」）の解明と、それらの解決策の実践的な模索には、主だった行動主体そのものやそれらの主体間の相互行為や関係性の変化を分析の対象とするだけ（酒井（二〇二〇）の言葉を使うと「主体中心主義」的な研究態度）では追いつかない。主体内部を含む様々なレベル・規模における関係性が、通常の分析レベルおよび時空間的範囲を念頭におく、既存の学問領域に固有の手法においては捕捉されがたい形において、相互に連結および作用し合い、問題を発生させ、その解決を複雑化させている様態（酒井（二〇二〇）の言葉では「主語のない世界」の「みえない関係」）を、新たな視座や研究手法を用い分析することが必要となる（松永二〇二〇：六七）。

つまり、見方を変えないと見えてこない「危機」を、新たな視座や手法から解明するとの前提があり、それを様々な主題や場面において追究してみようという試みである。それでは、そのような「グローバル関係学」にいかに取り組むことができるのであろうか。

どのような説明をしようとしているのか

通常、社会事象、例えばなんらかの出来事や帰結（事実）を説明する際には、説明したい事象の原因と考えられるもの、例えば、説明したい出来事や帰結（事実）に先立つもので、それに密接に関連していると思われる別の出来事や帰結（事実）に言及するという手法がある。この場合、近年社会科学の研究者の間でポピュラーになっている考え方に立つと、「原因」を特定（あるいは推定）するだけでは、有益な説明とはいえないとされる。つまり重要なことは、何が「原因」であるかだけでなく、「原因」と「結果」がいかに結びついているのか、その因果の仕組み（causal mechanism）を解明するか、あるいは少なくともそれらの間の結びつきの論理が提示されなければ、有意義な説明とはならない、といわれる（例えば Elster 1989: 3）。

もちろん実社会においては、原因を推定するだけでも、対処が可能となることがある。それゆえ、実験的な手法による研究では、原因の推定に努力が傾注されるし、実用的な学問では、対処を可能とする契機としての「原因」（らしきもの）を統計学の知識や技術などを使い発見することも、価値があると考えられている。

しかしここで問題としているのは、説明として成立しているか否かである。その観点では、単に原因と思われるものに言及したり、あるいは単なる時間の経過に沿った経緯を述べた（より正確には観察された複数の事象を時間軸上に並べて、それらを単に叙述した）だけでは、因果的な説明をしたことにはならない、といわれる。例えば、社会革命の研究で著名な社会学者のジャック・ゴールドストーンは、いわゆる叙述的（narrative）な記述や報告に関し、「必然的あるいは蓋然的な結びつきが断定されなければ、因果的な説明をしたことにならない。単にそう起こったと述べただけである」と言明している（Goldstone 1998: 833）。

なお、本書では、ゴールドストーンの言明の後半部分、すなわち経緯の叙述だけでは説明となるわけではない、との部分には賛同するが、前段の部分については、異論を唱える。次節において述べるとおり、本書で提唱する「グローバル関係学」の視座においては、必然的、蓋然的な結びつきではなくとも、通時的関係性の状況依存的な錯綜(contingent conjunction)であっても、それぞれの通時的関係性が因果の過程であれば、その錯綜を指摘することで、出来事あるいは帰結としての「危機」の因果的説明になっていると考える。

因果的な説明であるか否かという区別に加え、もう一つ重要な区別がある。それは、社会科学的な説明であるか否かという区分である。

総じて、説明には、個別的説明と一般的説明があるという。説明である以上、原因を推測し、因果関係に関するなんらかの説(議論)を提示する(つまり推論する)という点では共通であっても、個別の事象や事例がなぜ生じたのか、なぜ起こったのかについての議論に終始する個別的説明に対し、一般的説明とは、理論的に一般化された説明であり、またそうでなければならないとされる(久米二〇一三)。もし、ここで理論化・一般化といわれている作業過程に、抽象化や個別文脈からの剝離が不可避的に含まれるという立場に立つならば、本書で提唱する通時的関係性の状況依存的な錯綜という視座の活用は、一般的説明の努力を放棄し、個別的説明に終始する非社会科学的態度を示すものと思われるかもしれない。この点に関しては、本書では次のように考える。

先に理論化・一般化という呼称で意図された作業を、あるタイプ(あるいはカテゴリー)の結果や結末とそれに対応する原因の理論化・一般化に限定せず、あるタイプ(あるいはカテゴリー)の結果や結末を生み出す因果の仕組みあるいは過程に関する理論化・一般化をも含めるとするならば、本巻で提唱する「グローバル関係学」の視座を、一般的説明の創出に資する社会科学的なものと分類することができる。

ここでの違いは、例えば、若年者人口の相対的減少やある国の政治体制の崩壊などを結果・結末として抽象化し、それらに対する原因(成り行き上、これらも抽象化された原因にならざるを得ないが)を理論的・一般的に推測する説明を希求するか、あるいは若年者人口の相対的減少をもたらす過程としての「少子化」や、体制崩壊を下からの変化でもたらす「社会革命」を、パターン性をもつ生成過程(generative processes)として抽象化し、その生成過程を個別的事象の説明に組み込むことで社会科学的な叙述(叙述的説明)を希求するかにある(cf. Ermakoff 2019)。

つまり、本巻で扱う「グローバルな危機」は、個別文脈に現れた「危機」であるのだが、それらを生み出した因果の過程としての通時的関係性の錯綜は、個別文脈を超え、一般化可能な「生成過程」である、という理屈である。(1)

一 「境界」と「思いがけない危機」を結ぶ通時的関係性の錯綜

なぜ「境界」か?

一般に、「危機」なるものは、なんらかの「境界」あるいは接合部分に現れるということには、特段の異論はないであろう。いいかえると、「危機」と関係性との間には、切っても切れない繋がり(および関連性）があると想定しても問題ない、といえる。本巻は、そのなかでも、国家と制度にかかわる「境界」面に着目しながら、通時的な関係性の思いがけない錯綜により起きている様々な「グローバルな危機」について、その因果的な背景の説明とその意味合いについての考察を試みたものである。

本巻の各章で説明の対象とする「グローバルな危機」は、一見様々である。それには、建国（あるいは革命）以来のある国や体制の理念が、国内外の様々な歴史上の水流やうねり（本書の用語では、通時的関係性）の錯綜の結果として、揺るがされたり、根本的な修正がなされたり、さらには危機にさらされているというものも含まれる（例えば、第1章、第2章、第4章、第8章）。あるいは、国家と制度（とりわけ、その関連する部分）が、その時のグローバルな関係性のなかにおけるローカルな事情および過程を通じて状況依存的に組み立てられた結果、社会科学的な比較歴史分析でいうところの経路依存（path dependence）――すなわち、現在からほど遠い、過去のある決定的に重要な時期（決定的分岐点）にとられた選択が、長期間にわたりその後の展開を方向づけ、路線を引く（起こりうる変化へ一定の枠をはめる）形で影響を与え続けるとの議論（学説）――で説明可能な形で、最善ではない形で半ば固定化し、改革が容易ではない状態に陥っている事例もある（例えば、第1章、第2章、第3章、第4章、第5章、第9章）。本巻での事例に限定していえば、これらの経路依存的な側面をもつ諸問題は、いわゆる権威主義体制で現れている「危機」の問題（の一種）として捉え直すこともできる。

これらは、制度化された政治権力としての国家と、それが関わる形で様々に構築、改編、維持されてきている諸制度（法制度などの有形的《フォーマル》なものから、社会慣習や文化的・歴史的構築物としての共通理解まで含む、広い意味での諸制度）に関わるものであると捉えることができる。本書で分析をする「グローバルな危機」は、グローバル化された世界とはいえ、様々な形で（国家や制度によって）分節化された場や地平において、様々な動態的過程の錯綜の結果、制度的・社会的「境界」に沿って顕在化してきたものである。(2)

また、いくつかの「グローバルな危機」は、それぞれの国家の国境を跨ぐ動態において、あるいは、様々な国家やそれらの間の関係を包接する領域（いわゆる国際関係論が伝統的に専門的な対象とするドメイン）において、現れてきている（第6章、第7章）。これらの「危機」の事例も、様々な「境界」が幾重にも関係している。ある人々が「難民」と化し、「難民」として国境を跨いで移動し、「難民」として受け入れられたり、拒否されたり、援助の対象になったり、あるいはそのような制度的対処に不満をおぼえ、その再定義を求めたりする過程の様々な局面において、「境界」が介在してくることはいうまでもない。

なぜ通時的関係性か？　なぜ錯綜か？

本書の執筆者は、それぞれの章が扱う「グローバルな危機」の説明のために、それらの「危機」が様々な関係性のなかにおける「境界」に現れてくるものであることに加え、それらが社会的文脈と社会的時間のなかで生起してきた出来事であることに着目する。そのうえで、その関係学的な解明のためには、時間軸上で因果的な変化が起こる過程、すなわち通時的に変化する関係性に正面から向き合う必要があることを強調する。なぜなら、社会学者のアンドリュー・アボットが指摘するとおり、社会過程における因果性の複雑さの一端が、その内部や周辺に複数の異なる通時的関係性の層――言い換えると、いわば複数の因果の「水流」――が重層的に流れており、それぞれが異なるスピードで変化する一方で、相互に条件づけし合う関わり合い方をしていることにある、と考えるからである(3)(Abbott 1991：225, 227：松永二〇二〇：七五—七六)。

様々な関係性のなかで生起する「グローバルな危機」を、社会的な文脈と社会的な時間のなかに位置づけて分析する利点の一つは、「危機」が新奇な、あるいは思いがけない形で現れてくることを、因果的に説明する手がかりを、その見方のなかから得ることができることにある。本巻では、この「思いがけなさ」を、分析的には、状況依存性(contingency)と同じ(あるいは重なるもの)であると理解する。

社会科学者、とりわけ社会現象を堅牢な法則的関係性(つまり一般法則)で説明することを目指す社会科学者の間では、状況依存性を、逸脱事例と同じ(あるいは意味的に重なるもの)であると考える傾向が見られる。ここにおける逸脱とは、理論的に予想されることと異なる結果が観察されている、との意味である。もちろん、ある理論の観点では予期せざる結果であるものを、別の理論的な視座から説明することができれば、社会科学の理論的地平が拡大されることにつながるといえる。したがって、逸脱事例を不可思議(puzzling)なものと捉えることこそが、有意義な調査研究の端緒たりうるとの考えには、大いに賛同するところである。

しかし、状況依存性には別の意味合いも隠れている。社会学者のイヴァン・アーマコフが指摘するとおり、状況依存的な結末(事実)とは、そうならなければならないわけではなかった、違う結末になっていたかもしれなかった、という側面をもつものであると考えることもできる。すなわち、状況依存性に、その結末（事実）が起こることは必然的ではなかった、という意味を込めることができる（Ermakoff 2015: 65）。

本書では、状況依存性をアーマコフの議論に即した意味合いで理解する。「グローバルな危機」を含む、社会的な結末（事実）を、社会科学的でありながら歴史的な状況依存性に着目し説明するとは、そのような結末になることは必然的ではなかった、むしろ状況依存的であったと考え、なぜそのような結末に至ったのかを因果的に説明することを目指すということである。したがって本書では、上述のとおり、それぞれの章で扱う「グローバルな危機」が思いがけない形で現れている因果的な背景を、その状況依存性に求める、との姿勢をとる。

さらに本書では、因果的説明の上では、この状況依存性（「思いがけなさ」）は、通時的関係性の錯綜の結果、生起すると考える。すなわち、複数の通時的関係性の錯綜が、「グローバルな危機」の思いがけなさ（状況依存性）を生み出している、と考えるということである。この考え方は、社会革命の比較歴史研究で名を成した社会学者のシーダ・スカッチポルが、一九七九年に発表された著作（の文末脚注）において提唱していたものである。引用すると、

> 革命の社会科学的な分析においては、私が見て取ることができる限りにおいてほとんど一度も、当初別々の形で決定されていた過程が、錯綜的に、また展開しながら相互に関わりあうこと（the conjunctural, unfolding interactions of originally separately determined processes）に、十分な分析上の重きを置くことがない。しかし、革命の原因も革命にいたる展開も、このように理解されねばな

らないであろうし、またこのことは、もちろん、（革命の）分析や説明は歴史的な基盤をもつものでなくてはならない、ということを意味する（Skocpol 1979：320n16）。

ここでのスカッチポルの議論の趣旨は、歴史上の社会革命（具体的には、その著書で説明の対象とされているフランス革命、ロシア革命、中国革命）のような複合的な事象は、単一の原因あるいは単一の因果的過程（とりわけある集団が意図的に引き起こした過程）で説明できるものではなく、複数の因果的過程の「錯綜的な結果（conjunctural result）」としてのみ捉えることができる、というものである（Skocpol 1979：117, 298n44）。

本書では、「グローバルな危機」もまさにそのような複合的な現象であり、その分析には同様の因果的な視座、すなわち通時的関係性の状況依存的な錯綜を「生成過程」として用いる視座、が有効であろうと考える。

何を手掛かりに？

スカッチポルの示唆に忠実に、思いがけない「グローバルな危機」を社会科学的に説明するためには、何を手掛かりとすればよいであろうか。本書では、さらに別の歴史社会学者、フィリップ・エイブラムズが示唆した方法を取り入れる。

エイブラムズは、アボットに先立ち、歴史的過程における時間と因果の関係について深い――ラリー・グリフィンによれば「最もラディカルな」――思索をした社会学者であった。エイブラムズの卓

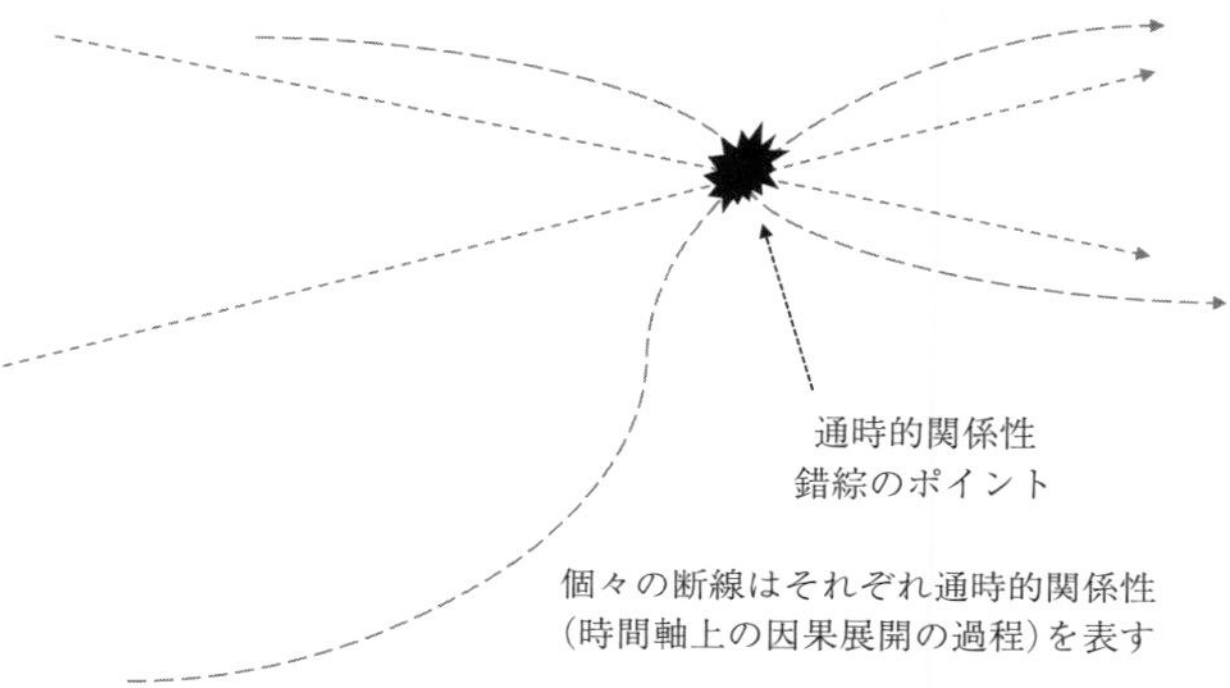

出所） 筆者作成.

図 0-1 通時的関係性の錯綜

見は、因果の論理と時間軸上の過程（本書の用語では通時的関係性）が切っても切れない関係にあるという認識に集約できる。いいかえると、「出来事」がいかにまたなぜ展開するかを社会学的（つまり社会科学的）に説明するには、その因果の論理が時間および時間軸上の過程に基盤をもつことが必要であると考えていた（Griffin 2007: 2: cf. Griffin 1992）。

そのエイブラムズが提唱した方法は、「出来事（events）」を手掛かり――彼の言葉では、「主要なアクセス・ポイント」――にするとのものであった（Abrams 1982: 191）。本巻では、このエイブラムズの卓見と示唆を活用し、それぞれの章において「グローバルな危機」とみなす事象を、手掛かりとする「出来事」とみなし、そこで複数の通時的関係性（「水流」）が錯綜したと考えることにする。

まとめると、本書の視座に基づく「グローバルな危機」の分析の手順としては、次のものを考えている。（一）思いがけず生起した「グローバルな危機」を、説明の対象として選定する。（二）その「危機」を、手掛かりとしての「出来事」として捉え、その「出来事」を引き起こす直接の引き金となった過程だけでなく、底流や背景として関与している構造的な過程を含め、どの複数の通時的関係性（「水流」）がそこ

（「出来事」）において錯綜しているかを確定する。（三）それぞれの通時的関係性（「水流」）が、その錯綜のポイント（「出来事」）までいかに（どのような環境下で、どのような変容をとげながら、また周りのどのような別の過程と相互に条件づけ合いながら）展開してきていたか、また、そこにおける錯綜の結果、どのような結末をどのような意味合いを含み引き起こしたか、を社会科学的に叙述（説明）する。

二　本書の構成

本書は二部から構成されている。第Ⅰ部「思いがけない錯綜がもたらす危機」に収めた四つの章は、それぞれ、パキスタン、エジプト、チュニジア、イランという国において、複数の通時的関係性（「水流」）の錯綜を通じて思いがけなく現れている「危機」を、その背景にある複数の「水流」を錯綜のポイントまで辿ることで因果的に明らかにすることを試みている。

第1章「グローバルな危機とパキスタンの苦難——現代史の地下水流」（井上あえか）では、二〇一四年一二月にパキスタン北西部ペシャーワル近郊の軍管区内で、当時、その西に位置する北ワジリスタンにおいて軍の掃討作戦の対象となっていた、急進派イスラーム勢力のパキスタン・ターリバーン運動（TTP）が引き起こし、一三二人の生徒を含む一四一人の犠牲者を出した学校襲撃事件を、「出来事」として採用している。この章は、一九七七年にクーデタで権力を奪取した軍出身のジアーウル・ハク大統領の時代に、対外戦略の一環として打算的に始められた内外の武装イスラーム勢力への支援、建国（分離独立）以来の国是であった政教分離から、根強い地域・民族別のアイデンティティに対抗するための国内の制度的・社会的なイスラーム化へのかじ取り、さらに形式的には民主制を維持するものの、軍が政治の実権を掌握する権威主義体制の深化という、いくつかの大きな水流の数次にわたる錯綜状況から、今日の国家的・社会的な危機が現れていることを明らかにする。

第2章「エジプトのリビア介入の諸要因——グローバルな危機の拡大とその影響」(鈴木恵美)では、エジプトにおける「アラブ政変」後の移行政権が、二〇一三年七月のクーデタにより再び軍出身者が大統領に就任する体制に戻った直後に、隣国リビアにおける「内戦」に軍事的に介入をし、一九七八年のキャンプ・デービッド合意以来の米国との強固な「同盟」関係にもかかわらず、ロシアとの軍事的連携を強めるという、思いがけない「出来事」の背景を、複数の歴史的な水流に着目することで因果的に説明する。ここでも、パキスタンの事例と同様に、軍が再び政治の実権を掌握した後に、複数の水流の錯綜状況が変化したことで、現在の危機的状況が現れていることが説明される。

第3章「革命は神話か?——チュニジアの新自由主義危機に対する反応」(エメル・アクチャル)は、二〇一〇年から一一年にかけての「アラブ革命」における唯一の「成功例」として優等生扱いされるチュニジアにおいて、「革命」の前後において真に変容したものがあるのか、また「革命」後のチュニジアの政治エリートは真の「危機」に対応できているのか、という問いに対し、新自由主義的合理性がグローバル的にも、またローカルな関係性においても、フーコーのいう統治性としていかに支配的であり続けているかを検証することによって、答えたものである。この視点で眺め直すことにより、「革命」後のチュニジアにおける真の亀裂が、世俗主義者とイスラーム主義者の間にあるのでも、リベラルな民主制の擁護派とアラブ的な権威主義体制の擁護派の間にあるのでもないことが明らかにされる。

第4章「「イラン危機」は誰にとってのどのような危機か――通時的関係性の錯綜と境界」（松永泰行）は、国連安保理常任理事国すべてが締結国として参加していた多国間合意としてのイラン核合意（JCPOA）から、トランプ政権下のアメリカが単独離脱をし、イランの中央銀行への制裁およびイランと取引をする第三国の金融機関を対象とする二次制裁を再び科した後に、イランが陥った経済的苦境および政治的危機について、その「思いがけない」背景を、因果的に明らかにする。イランが主要な外貨獲得手段である原油の輸出をできなくなったのは、アメリカの単独制裁と二次制裁に直接的な原因があるのは明らかであるが、イラン国内の経済苦境の背景には様々な水流が関わっている。チュニジアの事例と対照的に、ここでのイランの事例の分析では、イランの革命体制が（良くも悪くも）いかに新自由主義的合理性に対する防波堤になっているかが示される。

第Ⅱ部「危機の背景と通時的関係性」においても、通時的関係性の状況依存的な錯綜という視座を梃子に、トルコ - PKK間紛争、欧州難民危機、国際的難民レジームの危機、フランスの世俗国家のゆらぎ、ウガンダにおける政治的絶対主義への対抗運動の台頭が検証される。

第5章「対クルド政策――トルコ国家とクルド問題の変容」（岩坂将充）では、隣国シリアにおける国際化した「内戦」が、武装勢力「イスラーム国（IS）」のシリア領内での実効支配領域の拡大を含め激化するなか、二〇一五年七月にトルコのクルディスタン労働者党（PKK）がトルコ国家との間で合意をしていた停戦を破棄し、武装闘争を再開し、双方の暴力の民間人を含む犠牲者数が二十数年ぶりに激増するという「危機」の発生が、トルコの政治体制の変容、シリア領土を舞台とする地域情勢、総選挙での与党「敗北」を含むトルコ国内政治過程という三つの異なる通時的関係性の錯綜点での出来事として説明が試みられる。

第6章「シリア難民をめぐる危機のグローバルな波及——交錯する時間軸と関係性」(錦田愛子)で、二〇一五年にシリア国内での武力紛争を逃れた難民が大挙して欧州をめざし移動を始め、さらに欧州内でスウェーデンとドイツに集中したという「思いがけない危機」を、シリア内戦をめぐる情勢、欧州諸国における難民受け入れ体制、情報伝達のグローバル化とシリア移民/難民の移動という三つの断面に関わる通時的関係性の動態的かつ状況依存的な錯綜から説明するものである。

第7章「UNHCRをめぐる関係性の変容と人道規範の危機——湾岸アラブドナーの台頭をどう見るか」(中山裕美)は、二〇一二年のシリア内戦勃発後および二〇一五年以降のサウジアラビアなどのイエメン紛争への軍事介入開始後の時期に、湾岸アラブ諸国がUNHCRへの資金拠出国(ドナー)として世界的に台頭してきたことを、難民の保護と支援をめぐる国際的レジームのあり方へ重大な影響を与えかねない危機的状況と捉え、その因果的起源を、難民保護・支援レジームを構築する様々な関係性の変容と状況依存的な錯綜から説明することを試みる。

第8章「国家の土台で錯綜する宗教と政治——フランスのライシテと暴力」(稲永祐介)は、二〇一八年三月の南仏のトレーブでの「ジハーディスト」による人質殺害事件を受けて、フランス大統領のマクロンがカトリック教会の司教らを前におこなった、「カトリック教会と国家の結びつきが傷ついている」との公的発言を、フランスの世俗主義国家理念を揺るがす「危機」と捉え、そのような「危機」が現れた背景となるいくつかの通時的関係性の錯綜を検証する。さらに、この「危機」的状況がはらむフランスの政治社会への意味合いについても、考察を加える。

第9章「歴史と脅威を通じ政治的絶対主義へ直面する――ウガンダにおける音楽、LGBTI+と政治運動」(イアン・カルシガリラ)では、内戦を通じた権力奪取を経て成立したウガンダの革命体制が、数次の憲法改正を通じてムセベニ大統領の統治の継続と権威主義体制の度合いを強める一方で、既成の野党勢力を思いがけない形で凌駕し、スラム出身の歌手ボビ・ワインがムセベニの絶対制に対抗する勢力の陣頭に躍り出ることになった、下からの動態的過程を関係学的に分析する。加えて、同時並行的に顕在化してきているウガンダのLGBTI+コミュニティをめぐる国内外の錯綜する通時的関係性とその社会的・政治的波紋を、ボビ・ワインを支持するポピュリズム運動の台頭をめぐる動態と結びつけながら議論する。

おわりに

「グローバル関係学」シリーズ全般にわたり強調される関係性への新たなまなざしには、グローバル化した世界の様々な位置に置かれている個別の社会の内部における関わりのある主体間の社会関係の変化に着目するものから、本書のように「危機」が起こる文脈としての時間軸(通時的関係性)とそれらの状況依存的な錯綜に着目するもの、さらに、データ収集の際の個別文脈における関係性ではなく、収集後のデータ間で関係性を新たに顕在化(「みえる化」)することを目指すものなど、様々なアプローチを含んでいる。

これらのなかでは、本書のアプローチは、社会科学的な分析のための道具を用い、社会科学的に有益な一般的知見を導き出すという目標を掲げているとはいえ、歴史的な過程に着目している以上、既存の歴史学的アプローチとさほど違わないという印象をもたれるかもしれない。さはさりながら、本書の試みは、社会科学、とりわけ政治学および社会学の分野においては、過去数十年間に亘り席巻してきている方法論的個人主義や変数パラダイムを用いた計量分析の流派に対抗する、文脈重視パラダイムの一環として位置づけることができる(cf. Abbott 1997, 2001; Hall 2003; 2016; Tilly 1994)。

注

(1) 尤も、様々な文脈で「通時的関係性の錯綜」を生成過程として用いた説明が可能となっても、そのことで堅牢性が高まるのは生成過程としてのそれのみであり、個別文脈における説明のそれぞれは歴史研究(あるいは個別研究)に過ぎないという批判は可能である。しかし、理論的探究と個別事象の説明の試みは、単に互恵的な関係にあるだけでなく、密接不可分な関係にあるとの考えも、根強く説得力をもつ(cf. Tilly 1994: 57)。

(2) 「境界」に焦点を当てた社会科学的研究の蓄積については、例えばラモンとモルナールの論考(Lamont and Molnár 2002)を参照されたい。

(3) 複数の通時的関係性の層が、それぞれ異なるスピードで変化しながら、相互に条件づけ合うという複雑な因果性を想定するということは、社会科学の用語を用いると、それぞれの通時的関係性の間に交互作用効果(interaction effects)があると考えるということである(cf. Pierson 2004: 55-56)。

参考文献

久米郁男(二〇一三)『原因を推論する——政治分析方法論のすゝめ』有斐閣

酒井啓子（二〇二〇）「グローバル関係学はなぜ必要なのか——概説」、酒井啓子編『グローバル関係学とは何か　グローバル関係学　第1巻』岩波書店
松永泰行（二〇二〇）「通時的関係性の錯綜から「危機」を分析する」、酒井啓子編『グローバル関係学とは何か　グローバル関係学　第1巻』岩波書店
Abbott, Andrew (1991) "History and Sociology: The Lost Synthesis," *Social Science History*, 15(2).
Abbott, Andrew (1997) "Of Time and Space: The Contemporary Relevance of the Chicago School," *Social Forces*, 75(4).
Abbott, Andrew (2001) *Time Matters: On Theory and Method*, University of Chicago Press.
Abrams, Philip (1982) *Historical Sociology*, Cornell University Press.
Elster, Jon (1989) *Nuts and Bolts for the Social Sciences*, Cambridge University Press.（海野道郎訳『社会科学の道具箱——合理的選択理論入門』ハーベスト社、一九九七年）
Ermakoff, Ivan (2015) "The Structure of Contingency," *American Journal of Sociology*, 121(1).
Ermakoff, Ivan (2019) "Causality and History: Modes of Causal Investigation in Historical Social Sciences," *Annual Review of Sociology*, 45.
Goldstone, Jack A. (1998) "Initial Conditions, General Laws, Path Dependence, and Explanation in Historical Sociology," *American Journal of Sociology*, 104(3).
Griffin, Larry J. (1992) "Temporality, Events, and Explanation in Historical Sociology: An Introduction," *Sociological Methods and Research*, 20(4).
Griffin, Larry J. (2007) "Historical Sociology, Narrative and Event-Structure Analysis: Fifteen Years Later," *Sociologica*, 3.
Hall, Peter A. (2003) "Aligning Ontology and Methodology in Comparative Research," in James Mahoney and Dietrich Rueschemeyer eds., *Comparative Historical Analysis in the Social Sciences*, Cambridge University

Press.

Hall, Peter A. (2016) "Politics as a Process Structured in Space and Time," in Orfeo Fioretos, Tulia G. Falleti, and Adam Sheingate eds., *The Oxford Handbook of Historical Institutionalism*, Oxford University Press.

Lamont, Michèle and Virág Molnár (2002) "The Study of Boundaries in the Social Sciences," *Annual Review of Sociology*, 28.

Pierson, Paul (2004) *Politics in Time: History, Institutions, and Social Analysis*, Princeton University Press.（粕谷祐子監訳『ポリティクス・イン・タイム――歴史・制度・社会分析』勁草書房、二〇一〇年）

Skocpol, Theda (1979) *States and Social Revolutions: A Comparative Analysis of France, Russia, and China*, Cambridge University Press.

Tilly, Charles (1994) "History and Sociological Imagining," *Tocqueville Review*, 15(1).

Urry, John (2003) *Global Complexity*, Polity.（吉原直樹監訳、伊藤嘉高・板倉有紀訳『グローバルな複雑性』法政大学出版局、二〇一四年）

I

思いがけない錯綜がもたらす危機

第1章　グローバルな危機とパキスタンの苦難
――現代史の地下水流――

井上あえか

はじめに

パキスタンは今日、形式上は民主主義体制の構築と維持を実現しているが、その背後で隠然と軍が政治の実権を掌握する権威主義体制のもとにある。さらに軍が様々な戦略の中で過激なイスラーム主義勢力を利用してきたことによって、国内の社会的安定が損なわれ、インドやアメリカをはじめとする外国からはテロリスト擁護と批判される理由を生むことにもなっているし、西隣のアフガニスタンからも、ターリバーン支援以来の根強い不信の目を拭い去ることができない。その一方で、中国の強烈な拡大攻勢に対して、経済的な従属化の可能性を警戒しながらも、アメリカに代わる支援者として、歓迎せざるを得ない立場にある。パキスタンは今日のグローバルな危機に直面する最前線に立たされていると言える。それは何故なのだろうか。パキスタンでは、イスラームと国家の関係は時の政治によって解釈を変えられながら今日に至った。パキスタン社会がイスラーム化する原因を作ったのが軍の対外戦略であったからには、権威主義と民主化、国家とイスラームという問題をめぐる複数の時系列的な出来事が、複数の水流となってグローバルな危機の時代に錯綜し、今のパキスタンの状況を作り出していると考えられる。したがって現在のパキスタンが置かれた危機状況を説明するためには、この国を取り巻いてきた国際的な環境と、国内のナショナリズムを通時的に再考する必要がある。

本章では、ペシャーワル学校襲撃事件を起点として、ここに至る歴史的な水流を遡り、二つの時点の共時的な状況を検討することで、現在パキスタンが直面するグローバルな危機の説明を試みたい。ペシャーワル学校襲撃事件は、短期的な国内事情やイスラーム過激主義だけでは説明できない。独立後のパキスタンの歴史の中に、それぞれの時点での関連性の中で起きていたことが、いわば地下水流を作ってきた。そのような幾つもの水流はそれぞれに流れていたものが、歴史的な内外の事態の展開の中で、ある時点で錯綜し、思いがけず地表に現れ出たと考えてみたい。今日のパキスタンの危機は、独立の経緯や、一九八〇年代の軍事政権によるイスラーム化政策、アフガニスタンの戦争、九・一一とその後などの出来事が錯綜した結果である。

端的に言ってしまえば、一九七七年の軍事クーデタ以後のパキスタンは、アフガニスタンにおける東西冷戦を梃子に、イスラーム国家としての存在感を内外に示そうとしていた。しかしイスラーム化に舵を切ってアフガニスタンにおける危機に関与することで、独立以来のイスラームと国家の関係という難題に直面せざるを得なくなった。パキスタンがイスラーム化し、宗教的に先鋭化していくことは、隣国インドとの関係に緊張をもたらすことにもなる。また近代的セキュラリズム(政教分離主義)と信仰の両立を望みながら、イスラームを敵視する近代(=アメリカ)との狭間で苦悩していた。これが、パキスタンの危機の核心である。ペシャーワル学校襲撃事件は、そのようなパキスタンの葛藤のさなかに、最も極端な形で発生した暴力であった。

パキスタンの危機の核心を理解するためには、独立以来のパキスタンの政治史を、大きな構造とそこに錯綜する複数の水流と捉える方法が有効である。一九七七年からのジアーウル・ハク時代のイスラームと国家の関係というローカルな問題が、一九七九年のアフガニスタンで起こった戦争の影響を受けてグローバルな文脈へつながった。さらにアフガニスタンの群雄割拠の時代を経てターリバーンの出現にまでパキスタンが深く関与していく中で、九・一一後のアメリカの対テロ戦争という大きな力に巻き込まれていく。この過程で、イギリスからのパキスタン分離独立の時点に発するもう一つの大きな水流が錯綜し、表出してくることになる。その時、私たちはさらに独立の時代に遡って、その水流の起源を考察しよう。歴史を遡及的に考察し、いくつかの水流を辿っていく手法によって、現在のグローバルな危機を理解することができるだろう。

一　ペシャーワル学校襲撃事件の衝撃

二〇一四年一二月一六日、パキスタン北西部ペシャーワル近郊の学校に、パキスタン・ターリバーン運動（TTP）の七人が侵入し、講堂にいた生徒たちに向けて銃を乱射、八歳から一八歳までの生徒一三二人と教職員ら合わせて一四一人が犠牲者になった。この学校はペシャーワルの軍管区内にあり、陸軍の関係者の子弟が多く在籍していた。学校襲撃後、TTPの広報担当者はこの事件を実行したことを認めた上で、これは同年大規模に展開された軍のＴＴＰ掃討作戦によって、北ワジリスタンで多くの子供が巻き添えになって死んだことへの報復であると述べた。事実、同年六月から、パキスタン軍はＴＴＰの本拠地のある北ワジリスタンで大規模な掃討作戦を実施し、ＴＴＰに関わる多数が殺害されていた。

この事件が起こった二〇一四年、パキスタンではシャリーフ首相がインドとの対話を模索しており、インドで新たに安定政権を作ろうとしていたモディ首相からは就任式への招待を受けていたが、パキスタン軍は首相のインド訪問に難色を示していて政府と軍の対インド政策に齟齬が生じていた。また一方で、新興の野党パキスタン正義運動党（ＰＴＩ）らによる反政府運動が、多くの大衆を動員するデモなどの形で展開されていた。こうした反政府運動の背後には軍の支持があるとも見られ、のちに二〇一八年の選挙で政権交代を果たすことになるＰＴＩのイムラーン・ハーン党首は、大衆的な支持を獲得しつつあった。またＴＴＰなどのイスラーム過激勢力に対する国民の世論は、対話と強硬路線との間でゆれていた。というのも、二〇〇一年以降、アメリカの対テロ戦争に編入される中で、パキスタンは軍の刷新を求められ、ターリバーンへの支援を断念し、イスラーム組織への取り締まりの徹底とアメリカの作戦への協力を続けてきた。特にアメリカの対テロ戦略への協力の中で、パキスタン国民は無人機での爆撃などで多数の巻き添え被害を被っていた。さらにパキスタンの世論を決定的に反アメリカに振れさせたのは、二〇一一年五月にアメリカが単独で行ったウサーマ・ビン・ラーディン殺害である。アメリカは海軍特殊部隊（ＳＥＡＬｓ）を使ってヘリコプターでアボッターバードの邸宅を深夜に急襲し、就寝中のウサーマ・ビン・ラーディンを殺害し、遺体を運び去った。パキスタン政府への事前通報はなく、事後に当時のザルダリ大統領に対して電話でオバマ大統領から報告があったという。パキスタンの領土でアメリカ軍による軍事作戦が実行されるという主権の侵害に対し、議会が抗議声明を決議し、この一件はパキスタン社会に、従来にも増して強いアメリカへの嫌悪感を残した。なぜアメリカがパキスタン政府に通告せず急襲作戦を実行したかと言えば、パキスタン軍もしくは政府の一部がウサーマ・ビン・ラーディンと通じているという確信をもっていたからに他ならない。その後も今日に至るまで、アメリカはパキスタンがテロリストへの適切な対処を怠っていると非難を続けている。

そのような中で、二〇一四年までのパキスタンの歴代政権は、アメリカに対しては対テロ戦略に協力を惜しまない姿勢を示しつつ、国内に対してはアメリカに寄りすぎという批判をかわすため、テロには断固とした姿勢を取るがターリバーンとも対話する、という曖昧な立場を取らざるを得なかった。イスラームはパキスタンの国教であり、ターリバーンといえどもムスリム同胞である。アメリカと同じ立場に立ってイスラーム過激勢力と切り捨てることはできないまま、与党が強硬な態度に傾けば野党はアメリカ追随を批判して対話路線を主張し、逆にテロが起きれば治安対策やテロ実行犯への取締りの不備を糾弾するということが繰り返されていた。パキスタン社会は、反米イスラーム主義と過激なテロを峻別不能だったのである。また、同じ二〇一一年にキリスト教徒への暴力を反イスラーム的であると批判したパンジャーブ州知事が暗殺されるなど、イスラームを掲げた暴力行為を反イスラーム的であると断じることができる環境が整っていなかったと言える。

二　建国理念の再解釈とイスラーム化（一九八〇年代）

この状況を説明するために、時系列を遡り、源泉となった時代を共時的に眺めて見よう。パキスタン社会がイスラーム化に大きく方向転換したのは一九七七年から八八年まで政権の座にあったジアーウル・ハクの時代である。彼はアユーブ・ハーン、ヤヒヤー・ハーンにつづいて三人目の軍人大統領で、ズルフィカル・アリー・ブットー政権末期の内政、治安の混乱状態を収拾するという役割を担って戒厳令を発し、ブットー首相の想定に反して彼を逮捕し、翌年処刑してしまった。さらに、彼は民政移管を無期限に延期し、それとともに「イスラーム制度の導入もしくは施行」によるイスラーム化を強調するようになった。ハクは法制度、経済制度、政治制度のイスラーム化を明言し、イスラーム刑法の導入や、利子の廃止、宗教税の導入を実施した。さらに近代的議会制民主主義と政党政治は反イスラーム的であるとして、憲法第八次修正で州・中央議会、内閣の解散権を大統領に集中させた(1)。また宗教政党であるイスラーム党から初めて四名を入閣させ、イスラーム国家の建設を掲げた（浜口一九九九）。

ハク政権の思想的な性格には、やがてウラマー党がより深く影響を及ぼすようになっていった。ウラマー党はイスラーム党と並んで国内最大のイスラーム主義勢力である。彼らの思想は、スンナ派ハナフィー学派の法解釈に依拠するデーオバンド派であった(2)。一九世紀後半からはじまるデーオバンド派の活動は、ヒンドゥーとは異なるムスリムというアイデンティティを明確化する方向性をもち、その後インド・イスラームと他の宗教との距離を拡大させる動きの一つとなった。一九八〇年代にパキスタンで、このデーオバンド派の思想が政権の中枢で支配的であったということは、その後のパキスタンの政治文化に少なからぬ影響を与えた。ウラマー党はその後分裂をくり返し、一九九〇年代にイスラーム主義的傾向を強め、シパーヒーエ・サハバエ・パーキスターン(SSP。パキスタン預言者教友軍)などの過激派グループを生み出していった。

パキスタンはイスラーム国家となるべくして独立した、というジアーウル・ハクの主張は、クーデタという不法な手段で獲得された権力に正当性を与えるための政治的方便として効果があったことも強調されなければならない。イスラーム化構想は、前政権を含む独立以来の政権と自らの違いを際立たせ、自分こそが本来あるべきパキスタンを実現するのだと主張するものであった。彼によって政治化され力を得たデーオバンド派を中心とするイスラーム復興の潮流は、確実にパキスタン社会に浸透し、結果的に国内のスンナ派・シーア派抗争を激化させ、カシュミールを武装闘争化させ[3]、さらに、内戦状態が深刻化したアフガニスタンでターリバーンの誕生と成長を支える水流となっていった。

この時期の国際関係を見れば、ハク政権発足から二年後の一九七九年に、隣国アフガニスタンでムジャーヒディーンとソ連軍との戦いが始まり、パキスタンがアメリカのムジャーヒディーン支援の窓口となった。この状況は、やがてイスラーム化というハク政権の政策目標の正当性を補強する意味をもった。彼は一九八八年六月に、外国の記者団との懇談で次のように述べている。

あなたたち米国人は、われわれが前線国家であることを望んだ。アフガニスタンであなたたちを支援する代わりに、われわれはカブールに望み通りの体制をしく権利を勝ち取った。…〔パキスタンという〕真のイスラーム国家、真のイスラーム連合が出現し、汎イスラーム主義の復興の一翼を担うのだ。みるがいい、それはいずれ、ソ連のムスリムにまで及ぶことになる。パキスタンとアフガニスタンの間にパスポートは不要になる。いずれはタジキスタンやウズベキスタンも合流するだろう。イランやトルコにまで広がってもおかしくはない(Harrison 2001＝二〇〇一)。

アメリカが、ソ連を抑えるためにパキスタンを通してムジャーヒディーン支援を続けたことで、ジアーウル・ハクは自らイスラーム世界の一角をリードする荒唐無稽とも思える姿を夢見た。しかしソ連がアフガニスタンから撤退することを決めた直後に、その夢は自身の事故死によって潰えた。彼の死によって、パキスタンは二度目の民主政権の時期を迎える。ベーナジール・ブットーが、一九八九年に亡父ブットーの政党パキスタン人民党(PPP)を率いて、イスラーム圏初の女性首相に就任して以来、パキスタン・ムスリム連盟(PML)のシャリーフと交互に二度ずつ政権を担当することとなった。しかし二人はいずれも、ジアーウル・ハクのイスラーム化改革を否定しなかった。そればかりかハクが死の直前に発布したシャリーア施行令は、一九九一年にシャリーフ政権下で法制化された。また、実父がハクのクーデタ後に処刑され、ハク政権下で政権批判を展開したベーナジール・ブットーも、アフガニスタンのムジャーヒディーンとのつながりを維持し、やがてターリバーンを支援し育てることになる。パキスタンのターリバーン支援は、一九九〇年代の数度の政権交代にもかかわらず、二〇〇一年同時多発テロまで息長く継続していくことになった。

ハク政権期にパキスタン国内に蒔かれたイスラーム化の種子は、ハク後も明確に否定されることなくパキスタン社会に深く浸透し、水流を成した。二〇〇一年の九・一一米中枢同時多発テロ以後、アメリカの圧力を受けてパキスタンがイスラーム化した政治の修正を迫られると、ハク政権期以来国内に根を下ろしていたイスラーム勢力の反発が起きる。冒頭でその最悪の例としてペシャーワル学校襲撃を挙げたが、それより前の二〇〇七年にも「赤いモスク事件」が起きている。赤いモスクは一九六六年から首都イスラマーバードの中心に位置するマスジッドで、一九八〇年代にはアフガニスタンで戦うムジャーヒディーンをリクルートする拠点として、ハク政権とのつながりをもち、その死後も継続したイスラーム化政策の恩恵を受けてきた。二〇〇一年の九・一一同時多発テロの後、ムシャッラフ大統領がアメリカの要求に応じてイスラーム組織を非合法化し、マドラサ(マスジッド併設の神学校)に近代教育を導入させ、登録制とするなど管理を強めようとしたりしていたことに反発し、指導者であるアブドゥル・アズィーズ・ガーズィーとアブドゥル・ラシード・ガーズィー兄弟の下で学生たちが蜂起し、現政権転覆とシャリーアに基づくイスラーム体制を要求してマスジッドにたてこもった。およそ一週間、軍に包囲された状態が続いたのち、陸軍の特殊部隊が突入して制圧し、ガーズィー兄弟と学生ら一五四名が死亡した。首都の、議会や官庁舎、外国公館が立ち並ぶ地区で起きた「赤いモスク事件」は、まさにパキスタン現代史のなかで生成された一つの水流が、突如として地表に現れ我々を驚かせたのである。

三　独立の理念とパキスタン・ナショナリズム(分離独立時)

前節で、ジアーウル・ハクが独立以来の政教分離国家パキスタンという理念を否定して、イスラーム化に転換した一九七〇年代末から八〇年代を共時的に検証した。それでは、そもそも独立時の理念はどのようなものであったのだろう。それを知るために、次に、分離独立の時期に遡って、パキスタン建国の父にして、「偉大な指導者(カーエデ・アーザム)」と呼ばれるムハンマド・アリー・ジンナーの考えと、インド社会におけるムスリムの自己認識を考えてみよう。

パキスタンは一九四七年八月一四日に英領インドから分離独立した。ムハンマド・アリー・ジンナーは、全インド・ムスリム連盟の総裁として最終的な独立交渉の代表の一人であった。英領インド植民地がインドとパキスタンに分離して独立したのは、ジンナーが強硬にムスリム国家を要求したことが原因であるという見方は今も根強くある。しかし彼は一九〇六年にインド国民会議派に加わり、一九一三年から全インド・ムスリム連盟にも所属して、「ヒンドゥー・ムスリム統合の大使」と呼ばれ、インドが一致してイギリスと交渉することを目指していた。彼はシーア派のムスリムであるが、政教分離主義者で近代的な人物であって、宗教的で伝統的なガンディーと対照をなしていた。しかし、一九三七年に中央・州議会選挙の結果ムスリム連盟は大敗を喫し、会議派のネルーが中央集権的な独立インドへの自信を示した時、ジンナーは少数派としてのムスリムの地位に大きな危機感をもつようになる。

ジンナーは一九四〇年の全インド・ムスリム連盟ラホール大会において、二民族論と呼ばれる考え方を示した。それは次のようである。

ムスリムのインドはヒンドゥーが多数派である政府の下で決められたいかなる憲法も受け入れることはできない。ヒンドゥーによって少数派ムスリムに押し付けられた民主主義はヒンドゥー支配でしかない。インド国民会議派指導部が夢中になっているような民主主義が意味するのは、イスラームが最も大切にしているものの破壊である。…ムスリムは、国民(民族)という言葉のいかなる定義に照らしても一つの国民(民族)である。したがって、ムスリムは自分たちの故国、自分たちの領土、自分たちの国家をもたなければならない(Presidential Address of Mr. M. A. Jinnah, 27th session of All India Muslim League, Lahore, 1940. Pirzada 1970 : 338-339)。

これをどう見るべきであろうか。ジャラール(Jalal 1985)によれば、数の上で圧倒的なヒンドゥー教徒によってムスリムが支配されるという危機感は、インドでムスリムが多数派を占める地域のムスリムには共有されなかった。彼らはムスリムの中で生きており、その地域では多数派であったので、全国的な人口の比率について現実的な意識をもつことがなかったからである。この点は、後に述べるムスリムの地域アイデンティティとも関係がある。逆にヒンドゥーが多数を占める地域で少数派として暮らすムスリムにはジンナーの訴えはよく理解されたが、彼らは全インドのムスリムの中では少数派であった。さらに、独立後のインドとの良好な関係維持を見据えるイギリスと、独立インドを率いていくことが決まっているインド国民会議派は、共に中央集権を求めて利害が一致していた。ジンナーは、全てのインド・ムスリムを糾合できる指導力をもたず、むしろ孤立した政治家だったのである。

非宗教的なジンナーの真意は、ムスリムが少数派となり、場合によっては保護の対象となることを拒否して自治を求めることにあったと思われる。見てきたように強い政治家としてのジンナー像は成り立たない。分離独立という誰も望まなかった方向へ事態を動かしうる力をもっていたのは、むしろインド国民会議派とイギリスであった。一九四七年六月二日にマウントバトン総督が各党の指導者たちに分離独立案を内示し了承を求めた時、ジンナーはこのような重要な問題について自分の一存で即答はできないと抵抗した。しかし、ネルーは驚きもせず受けいれたという。ジャラールの論に従えば、この時点で、すでにネルーら国民会議派とイギリスとの間には、分離という結論で合意ができていた証左だということになる。ジンナーは二民族論によって、ヒンドゥーとムスリムの違いを強く打ち出し、州分権などの形でのムスリムの自治権を求めた。このことは、中央集権を目指す国民会議派には障害となり、これを排除するために分離独立という究極の結論を選ぶことにつながったというわけである。

ジンナーは分離独立後、新生パキスタン一周年を見届けて間もない一九四八年九月一一日に没した。独立からの一年余り、彼は全国行脚して、議会制民主主義による政教分離のムスリム国家の建設を繰り返し訴えた。彼の死後、紆余曲折を経て一九五六年にようやく制定された憲法には、パキスタンはムスリムが多数を構成する国家であるが、政教分離の議会制民主主義体制をとり、少数派の権利を保障するということが盛り込まれた。政治は世俗の勢力が担い、イスラーム勢力を直接的に政治に関与させず、近代的なシステムを備えた国家としての発展を目指すという理念は、ジンナー以後ズルフィカル・アリー・ブットーまでの政治家たちにも、クーデタによって政権を取った軍人たちにも原則的には継承されていくことになった。先に述べたジアーウル・ハクの登場までは、ジンナーのセキュラリズムがパキスタンの原理だったと言える。

パキスタンは独立当初から強い地域的なエスニック・アイデンティティの問題を抱えていた。パキスタンは、パシュトゥーン、バローチ、パンジャービー、スィンディー、ベンガリーなど、強いエスニック・アイデンティティによって結ばれる集団を一つに統合する国家である。ジンナーが容易に各地のムスリムの支持を得られず苦心したのも、独立後にパキスタン政府が直面したのも、こうしたアイデンティティとの対決であった。その結果が、北西辺境州やバローチスターンにおける連邦直轄部族地域(FATA)や州直轄部族地域(PATA)の設定であり、バングラデシュの分離独立だったと言えよう。

こうしたインド・イスラームの性格と、地域アイデンティティの強さは、パキスタンの弱さでもあり、強さでもあると思われる。揺れ幅の広いイスラームは多数の結集を可能にし、地域アイデンティティの強さが温存されたことで、パキスタンはイスラーム以外に統合の原理をもたない、いわば、あたらしい「ムスリム・ナショナリズム」を紐帯として統合されるべき「パキスタン・ネーション」として誕生したのである。

四　交差する歴史の水流

ムスリムが多数派として生きるための国家として生まれたパキスタンは、建国以来「ムスリム・ネーション」の形成による国民国家建設という目標に向かって歩んできた。そして建国時のセキュラーな国家を目指す理念は継承されたにもかかわらず、なぜジアーウル・ハクの時代に急激に変化してしまったのだろうか。

インドが独立後二年半で憲法制定を成し遂げ、インド国民会議派政権の下で国家建設の緒に就けたのに対し、パキスタンは指導者となるべきジンナーとその後を継ぐリヤーカット・アリーを、それぞれ一九四八年、一九五一年に相次いで失い、一九五〇年代半ばまで憲法制定と安定的な政権の確立に失敗し続けた。一九五六年に憲法制定にこぎ着けたものの、その間に官僚と政治家の汚職と不正が蔓延した。その結果として、そうした状況をただす、という名目で一九五八年にアユーブ・ハーン陸軍参謀長によるクーデタと軍事政権の到来を見ることになった。

軍事政権は、議会制民主主義を否定したが、ジンナーが説いた政教分離の近代国家を目指す最初の長期政権となった。彼の近代化政策の下で近代的イスラーム解釈をおこなったのは近代派イスラーム学者ファズルル・ラフマーンである。彼はパンジャーブ大学、オックスフォード大学で学んだ後、カナダ、イギリスで教鞭をとっていたが、一九六〇年にアユーブ・ハーンによって設立された中央イスラーム研究所の所長として、一九六一年に帰国した。この研究所は「近代の進歩的社会の要請に応えて合理的科学的用語でイスラームを解釈すること」を目的として設立されたものである。彼の政権下では、イスラーム家族法などイスラームの近代化施策が出されたが、伝統的なウラマーの批判に対抗する力をもたなかった。

むしろこの時代に表面化し後年まで影響を残すことになったのは、パシュトゥーニスタン運動や東パキスタン自治要求運動など、パキスタン統合の危機であった。すでに述べたとおり、パキスタンは国民意識より強い地域的アイデンティティをもった地域が統合されてできた国であり、文化的・民族的多様性は否定しないことが、統合を納得させるための要件であったとも考えられる(独立運動期には、パシュトゥーンの部族社会もパンジャーブの農村社会も、中央集権的なパキスタンによる統合構想に強い抵抗と警戒感をあらわにしていた)。しかし独立国家となって、現実に統合を危うくする動きに対応する中で、結果として文化的・民族的多様性は国民統合にとって障害ととらえられるようになり、国家理念、国家政策原理としてのイスラームがことさらに強調される傾向が生まれていった。

この傾向は次の民主政権であるズルフィカル・アリー・ブットーに引き継がれた。彼は近代主義の立場から、イスラーム社会主義を掲げたことが知られている。彼の時代には、統合の問題はより危機的な度合いを強めていた。第三次インド・パキスタン戦争における敗戦とバングラデシュの独立は、文字どおり国家分裂という危機感をあおり、バローチスターンの反乱に対しては武力鎮圧で臨んだ。こうした一連の経緯の中で、存在感を増し活気づいたのは、軍部であった。

イスラームをめぐる状況もさらに変化しつつあった。ブットー政権が、従来くすぶってきたアフマディーヤ(カーディヤーニー)をイスラームの範疇から排除しようとする運動に大きく譲歩し、一九七四年には憲法修正でこれを非イスラームと規定したのである。アフマディーヤは一九世紀末に北インドで興ったイスラーム改革復興運動の教団で、独立パキスタンではスンナ派などからの排斥運動の標的となってきた。建国以来の歴代政権にとって、多様性を保持した国民を統合するためのイデオロギーとして、政治的方便のような性格が強かったイスラームは、アユーブ・ハーンからブットーに連なる約二〇年の間に、徐々に変質していった。民主主義が発展せず、軍部・官僚支配がつづく中で、結果的に政権が正統性の根拠としてイスラーム・イデオロギーに依存する傾向は強まっていったと言えよう。

それでも彼らの時代までは、イスラームは政権にとって正統性の根拠であり、統合の方便の域を超えていなかったと思われる。政権の目的は経済発展、あるいは自らの政治的支配と影響力の保持という世俗的なものであったからである。先に見た一九八〇年代のジアーウル・ハクの時代に起きた変化は、これまでの国内のイスラーム化の流れが、米ソ冷戦を背景としたソ連のアフガニスタン侵攻などの国際関係の影響を強く受けて起きた事態であったが、そこで初めて、為政者の目的はイスラームそのものに関わるものになっていったのである。ソ連のアフガニスタン侵攻が起きた一九七九年は、イラン革命とサウジアラビアにおけるマッカ事件の年でもある。ジアーウル・ハクが、東のイスラーム世界の盟主を夢想した背景には、そうしたイスラーム世界の大きな変動が影響したことは間違いないであろう。

おわりに

第一節で述べたペシャーワル学校襲撃事件は、意図的に子供たちが標的とされたことや犠牲者の数の多さから、パキスタン社会に尋常でない衝撃を与えた。そして結果的に、この事件をきっかけにパキスタン社会はＴＴＰに代表されるような過激な反政府運動にどう対処するかについて、世論、政府、軍の一致を見ることになった。パキスタンの世論はそれまで、ムスリム同胞としての共感や、アメリカへの反発から、ターリバーンを完全に否定できず、政治もそれに配慮したために、対話路線と強硬路線の間を揺れ動いていた。野党ＰＴＩのイムラーン・ハーン党首は「反政府デモをしている時ではない、国民の団結が必要だ」として反政府デモを中止、内政の混乱は収束した。シャリーフ首相はＴＴＰとの対話を断念してターリバーン掃討へと転換し、世論もこれを支持した。さらに子弟の通う学校を襲撃された軍は、インドとの関係をめぐるシャリーフ政権との食い違いを棚上げにして、互いに協調することとなった。そしてパキスタン社会のテロに対する断固たる対応を象徴したのが、第二一次憲法修正による軍事法廷の設置であった。テロ事件を迅速に審理し、厳格に処罰することを目的とした軍事法廷の設置(二年間の期限つき)を決めた憲法修正案は二〇一五年一月六日に上下両院を通過した。この修正にはペシャーワルの学校襲撃についての言及があり、「パキスタンからテロリストを永久に一掃し撲滅する」、「宗教や宗派の名を利用するグループによる安全への脅威」や「テロリズムに関わる罪については迅速に審理する」などの文言が含まれていた。

パキスタンは、ソ連のアフガニスタン侵攻、九・一一同時多発テロなどを通じて、アメリカや中東諸国から様々な資金援助を受けてきた。それぞれの思惑でこの地域に関与する大国の力関係の中でパキスタンなりの国益を追求してきたと言えるだろう。いわばその果てに起きたイスラームを掲げる人々の過剰な暴力に対して、この第二一次憲法修正で示されたのは、イスラームの名の下に曖昧にされてきたイスラームとテロの関係を明確に区別し、「イスラームを掲げるテロ」を国民、政府、軍が一致して許さないという決意であったろう。一時的ではあれ軍に強権を委ねたことへの批判ももちろんある。しかし、これが国民の意思を代表する議会によって、およそ三〇年ぶりにもたらされた転換であったことには少なからぬ意味があると思われる。

パキスタンでは二〇一四年以降テロの件数は減少を続けているものの、年間二二九件(二〇一九年)の大小のテロが起きている。軍の権威主義の下にあることも変わっていない。しかし二〇一八年にこれまで政権を担当してきた二大政党を抑えて、新興のＰＴＩによる初めての政権が発足した。イムラーン・ハーン首相はクリケットのスター選手だった人物であり、これまでの首相たちのような大地主でも資本家でもない。政治的手腕が不充分であるとの批判もある中で、二〇二〇年三月に発表された世論調査によると、五七％がハーン政権は「非常に良い仕事」(一七％)もしくは「良い仕事」(四〇％)をしていると答えた。国民は今のところ、新首相を見守ろうとしているようである。ペシャーワル学校襲撃事件後、パキスタンはイスラームとの関係という独立以来の曖昧な問題への対処を梃子に、変化を始めているのではなかろうか。

注

（1）憲法第五八条二項bとして規定された。この憲法修正が停止されるのは、二〇一〇年四月である。

（2）デーオバンド派は一九世紀後半、インド大反乱後の英領インド帝国の完成期に、ヒンドゥーとの比較劣位におかれたムスリムの復興をめざして、北インドのデーオバンドに開かれたマドラサを拠点に生まれた潮流を起源とする。イギリス支配下で、ヒンドゥーの伸張に対抗するという考えをもち、近代的・組織的な宗教教育という枠組みを受け入れながら、コーラン、ハディースにしたがって慣習をただすことをめざし、復古主義的な性格が強かったと考えられている。

（3）カシュミール解放運動の武装闘争化については、拙稿（井上二〇〇三）を参照されたい。

参考文献

井上あえか（二〇〇三）「カシミール——分割されざる渓谷」、武内進一編『国家・暴力・政治——アジア・アフリカの紛争をめぐって』アジア経済研究所

浜口恒夫（一九九九）「イスラムとパキスタンの国民統合——ジアー・ウル・ハック政権下のイスラム化とその後」、特定領域研究（A）「南アジアの構造変動とネットワーク」研究成果報告第二号

Harrison, Selig S. (2001) "Pakistan the Destabilization Game," *Le Monde diplomatique*, October, online version.（「パキスタンの危険な戦略」ルモンド・ディプロマティーク日本語電子版、二〇〇一年）

Jalal, Ayesha (1985) *The Sole Spokesman, Jinnah, the Muslim League and Demand for Pakistan*, Cambridge University Press, 1985.（井上あえか訳『パキスタン独立』勁草書房、一九九九年）

Pirzada, S.S. ed. (1970) *Foundations of Pakistan: All-India Muslim League Documents 1906-1947*, Vol. 2, National Publishing House.

第2章

エジプトのリビア介入の諸要因

——グローバルな危機の拡大とその影響——

鈴木恵美

はじめに

二〇一一年に始まったアラブ地域における政変の連鎖は、地域を越えて中東地域や国際社会全体に大きな影響を与えた。一連の政変が起きたアラブ地域のなかでも、シリアとリビアでは体制側が反体制デモを暴力的に弾圧し、それに対してアメリカやロシアなどの超大国と、トルコやエジプトなど中東の域内大国がそれぞれの思惑で直接的あるいは代理勢力を使って間接的に、軍事的あるいは政治的に関与する、重層的な構造をもつ「内戦」に発展した。

エジプトでは、ムハンマド・フスニー・ムバーラク(以下、ムバーラク)大統領の辞任後の民主化に伴う混乱が続いた。そして、二〇一三年七月にクーデタにより政権を掌握したアブドゥルファッターフ・アル゠スィースィー(以下、スィースィー。シシとも)が翌年の二〇一四年六月に大統領に就任すると、八月にはエジプト軍がイスラーム急進派の複数の拠点があるリビア東部に対し、アラブ首長国連邦空軍とともに空爆を実施した。そして、軍事的にはロシアと関係を強化し、同国と共同でリビアの東部政府を支援した。そして二〇二〇年七月には、エジプト議会は全会一致でエジプト軍のリビア派兵を承認した。これは、親米路線を採ってきた歴代政権の政策とは一線を画する大きな変化であった。

エジプトは、ジャマール・アブドゥンナーセル(以下、ナーセル)が一九六二年にイエメン内戦(エジプト軍の撤退は一九六七年)に介入して以降、アラブ諸国の紛争には軍事的に関わってこなかった。二〇一一年以後も、エジプトはシリアやイエメンにおける紛争とは一定の距離を保っており、サウジアラビアが提唱したアラブ連合軍の創設にも慎重な姿勢を示した。では、なぜスィースィー大統領はリビアについては歴代政権の方針を覆したのか。この問いを考察するにあたっては、従来の国家間の関係に力点を置いたアプローチとは異なる研究手法が求められる。なぜなら、二〇一一年にアラブ地域で始まった紛争では、内戦の場となった国をめぐって同時に複数の利害が存在し、それによって関わる国家や非国家主体の対立関係が変化するなど、紛争の構造が重層的で複雑である。さらに、紛争には経済的、社会的、歴史的な背景も絡み合っている。このような紛争におけるエジプト政府の関わりを考察するには、学際的なアプローチに加え、考察する視点の時間軸を問題の起点となる過去から現在に転換するなど、これまでにない新しい分析手法が求められよう。

以下、第一節では、まずリビアの紛争において「保護する責任」が棚上げされた経緯をたどる。第二節では、リビアとエジプトの通時的な関係性に着目し、両国の一体性と制度的境界線を明らかにする。第三節では、二〇一一年以降に再確認された両国の結びつきと、エジプトにおいて国軍が再び政治の前面に出てきた影響を考察する。第四節では、エジプトのリビア介入を可能にした二つの連携関係に焦点を当て、最後にリビアに関わる当事国が共有する経済的な目的について議論する。

一　棚上げされた「保護する責任」

二〇一一年に始まったリビアにおける紛争では、初期の段階において国連安全保障理事会が文民保護を目的に国連構成国に認めた武力の行使である「保護する責任（Responsibility to Protect：R2P）」が適用され、ムアンマル・アル＝カッザーフィー（以下、カッザーフィー。カダフィーとも）政権が倒された。しかし、リビアにおける紛争が長期化し、複数の国家が紛争に関わるようになると、R２Pが言及されることはなくなった。リビアとシリアにおける紛争の相違点として頻繁に言及されるのは、R２Pの適用の違いである（URL①）。以下では、リビアの紛争が内戦から国際化した紛争に変化するなか、R２Pが閑却されるようになった経緯をまとめる。

二〇一一年二月に、エジプトのムバーラク政権が崩壊すると、隣国リビアにおいて、一九六九年以来四一年間政権の座にあったカッザーフィーに対する反政府デモが発生した。カッザーフィーが反体制派を暴力的に弾圧して武力衝突が拡大すると、安保理は同月、暴力の即時停止を求める安保理決議第一九七〇号を全会一致で採択した。しかし、この決議にもかかわらずカッザーフィーが反体制派を弾圧すると、安保理は文民保護および飛行禁止空域の設定のためにあらゆる手段を許可する、安保理決議第一九七三号を採択した。この決議の採決には、アメリカ、イギリス、フランス、レバノンが積極的な姿勢を示し、ロシア、中国、インド、ブラジル、ドイツは棄権したものの常任理事国であるロシアと中国は拒否権を発動しなかった。この決議に基づき、アメリカ、フランス、イギリスを主体とする北大西洋条約機構（NATO）による武力行使が実行された。八月にはカッザーフィー政権が崩壊し、一〇月にカッザーフィーは中部シルトにおいて反体制派により殺害された。

この武力行使を可能にしたのは、「アラブの春」を歓迎する当時の国際社会の風潮に加え、エジプトやサウジアラビアなどのアラブ連盟主要国が飛行禁止区域の設定に肯定的であり、事実上武力行使を容認したためである（1）（立山二〇一三：一四八）。NATO軍の軍事介入がカッザーフィー政権を比較的短期で崩壊させることに成功したため、リビアの事例がR2Pの制度化の範となるかが注目された。しかし、リビアと同時期に内戦状態となったシリアでは、オバマ米大統領によるレッドライン発言にもかかわらず、安保理においてR2Pが適用されることはなかった。その要因として指摘できるのは、安保理でロシアと中国が拒否権を発動したことに加え、アラブ連盟構成国の対応が一様ではなかったためである（立山二〇一三：一五一）。

リビア内戦初期のR2P適用とシリアの事例を比較すると、カッザーフィー排除後のリビア内戦においてR2Pが議論されなかった理由として、以下の点を指摘できる。第一は、NATOによる介入の目的が、人道上の理由というよりは、むしろカッザーフィーの排除にあったこと、第二は、NATO主要国の関心が、カッザーフィーの排除後にリビアからシリアに移ったこと、第三は、安保理常任理事国やアラブ連盟主要国が、それぞれ内戦当事国の異なる勢力を支持したため、R2Pの実行に不可欠な意見の一致をみなかったことである。以上の点から、R2Pのアラブ地域に対する適用には、安保理常任理事国に加え、アラブ連盟との調整、あるいは連携も重要といえよう。

こうして、リビアにおけるR２Pは形骸化し、加えて民主化の過程で生じた混乱に乗じて複数の国家が武力を用いて介入したことで、「内戦」は国際化した紛争へと変化していった。二〇一二年七月、リビアで六〇年ぶりに議会選挙が実施され、それにより国民議会（al-Mu'tamar al-Waṭanī al-'Āmm：GNC）が招集されたが、憲法の制定を目指したにもかかわらず（URL②）、実現に至らないまま二〇一四年六月に議会選挙が実施された。選挙の結果、民主主義を重視するリベラルな勢力が勝利すると（URL③）、ムスリム同胞団（以下、同胞団）を主体に選挙で敗北した政党で連合が結成され、勝利した勢力との間で戦闘が開始された。それにより、選挙で選出された勢力は、東部トブルクに拠点を移し、自身が正当な代表議会であると主張した。そして、空軍司令官を務めていたハリーファ・ハフタル[2]（以下、ハフタル）が西部を拠点とする国民議会と対立すると、トブルクの「政府」はハフタルを総司令官に任命し、ハフタルはリビア国民軍を名乗る武装勢力を率い、トブルク「政府」の中核を占めるようになった。

西部トリポリを拠点とする国民議会と、東部トブルク「政府」間の戦闘の激化に対し、国連リビア支援ミッション（United Nations Support Mission in Libya：UNSMIL）は仲裁に着手し、二〇一五年一二月には国民合意政府（Ḥukūma al-Wifāq al-Waṭanī：GNA）の設立が決定された。当初、国民議会はこの政府を拒否していたが最終的に受け入れ、一方でトブルクの代表議会は受け入れを拒否した。こうして、トリポリを拠点とする国民合意政府と、東部のトブルク政府という、二つの「政府」が存在するようになった。前者の政府を率いたのはファーイズ・サッラージュ首相で、政府の支持基盤は同胞団であった。二〇一九年四月、ハフタルはフランス、ロシア、アラブ首長国連邦、エジプトなどの支援を受け支配を拡大すると、これに対抗して国民合意政府はトルコやカタールからの援軍を受け抗戦した。

二　エジプトとリビアの一体性と「境界線」

ここでは、エジプトとリビアの通時的な関係性に着目し、両国の一体性とその制度的境界線を示す。それにより、両国の関係性の本質を明らかにする。

地域的一体性

エジプトとリビアは、リビア砂漠を介して一一一五キロに及ぶ国境線で接しており、近代に主権国家が成立する以前から十数世紀にわたり、リビア側からベドウィン系住民がエジプトへ移動と定住を繰り返すなど、ある程度の地域的一体性を持ってきた。

両地域における人の移動は、一九世紀にエジプトがオスマン帝国から一定の自治を獲得して独自に国家形成に乗り出してからも変わらなかった。例えば、リビア東部を拠点とするジャワーズィー族を始めとする大部族が、断続的にエジプト中部とデルタ西部に移動している。そのため、現在でもエジプトにはリビア東部に部族的アイデンティティを持つ住民が多く、先祖を共有する意識を持つ両国の住民は、定期的にその紐帯を確認する集会を開催するなど、国家の枠組みとは異なる緩やかな紐帯を維持してきた。現在でも、エジプトの支配層を構成する名望家には、家族の起源がリビアにあるものが多いことは注目に価する（鈴木二〇〇五：七一―一〇九）。エジプトは、リビアとは政治的、社会的に不可分な側面があるといえよう。

両国の関係は、部族的紐帯によってのみ維持されてきたわけではない。エジプトは、近代になり憲法の制定や議会制の整備など、国家としての制度構築で他のアラブ諸国に先んじてきた。そのため、一九三三年に最終的に両国間の国境線が確定してからも、しばしばリビアの知識人はカイロで教育を受け、エジプトで政治的活動にも従事するなど、両国の知識人は国境を越えて関係を密にした。また、エジプトにとってリビアは、時には政権による迫害を逃れる場ともなった。例えば、一九六九年に司法への介入を強めるナーセルに対し、異を唱えた判事ら約二〇〇名が政権の圧力により法曹界から追放されたが(「司法の虐殺(Madhbah al-Quḍā')」)、彼らはその後リビアに居を移し、判事として活動した。また、二〇一三年のクーデタ(「六月三〇日革命」)以後に、イスラーム急進派や同胞団員がリビアに逃れたことも、その一つの形と言えるかもしれない。

連合国家形成の失敗にみる境界線

歴史的に地域的一体性を有してきたエジプトとリビアは、一九六〇年代になるとアラブ民族主義を標榜するアラブ諸国で構成される連合国家の結成を試みた。しかし、この理念の実施をめぐり、両者は主権国家という近代制度の枠組みの壁に直面した。

一九世紀にシリア地域で生まれたアラブ民族主義という新しい概念は、一九三〇年代になり、エジプトを拠点とするリビア人亡命者協会によってリビア本国にもたらされた(Baldinetti 2010: 91)。アラブ民族主義思想の醸成期において、帝国主義支配からの脱却という共通の目的のもと、両国は共に歩む関係であったといえる（Baldinetti 2010: 93）。その後、エジプトでは一九五二年に七月革命による王制廃止と共和制の導入を経て、一九五六年のスエズ紛争時に政治的、社会的にアラブ民族主義が高揚した。一方、リビアでは一九六九年にリビア軍大尉だったカッザーフィーがクーデタを決行して王制を廃止し、リビア・アラブ共和国の建国を宣言した。カッザーフィーは、アラブ民族主義の旗振り役であったナーセルに傾倒した人物であったが、エジプトがシリアと結成したアラブ連合共和国が一九六一年に失敗に終わったため、リビアとの連合構想は進展しなかった。

ナーセルの急死により一九七〇年に副大統領から大統領に昇格したムハンマド・アンワル・アッ＝サーダート（以下、サーダート）は、一九七一年に体制内のナーセル派を排除（修正革命（Thawra al-Taṣḥīḥ））することで政権基盤を固めたが、同時にエジプト・リビア・シリアで構成される連合共和国構想を発表するなど、連合国家の形成にも着手した（URL④）。しかし、統合の議論は難航し、一九七三年の一〇月六日戦争（第四次中東戦争）を経て、一九七七年にサーダートがイスラエルとの和平交渉を開始するためにエルサレムを訪問したことで、連合国家構想は挫折した。カッザーフィーは、アラブ民族主義に反することを理由にリビア在住のエジプト人を国外に退去させ、小規模ながら両国間で軍事的な衝突も発生した。そして、一九七九年にエジプトがイスラエルと平和条約を締結したことで、これまでアラブ民族主義の牽引役であったエジプトはアラブ連盟から除名された。

一方、リビアは一九八〇年代になると、アラブ諸国と連合国家を形成して西欧と向き合うのではなく、独自に西欧と対峙する手段に転じた(3)。これにより、リビアは国際社会からだけでなく、アラブ連盟においても孤立した。そして、一九八九年になるとエジプトがアラブ連盟に復帰し、連盟本部もカイロに戻った。両国は、もはや連合国家構想について議論することはなく、個別の領域国家としてアラブ連盟の枠組のなかで関係を維持した。皮肉なことに、両国は制度的境界線を乗り越える理念であるはずのアラブ民族主義の実践において袂を分かったといえる。しかし、本来地域的に不可分である両国の社会的、文化的紐帯は、政治的な軋轢が生じている時においてもなお健在であり、カッザーフィーという特異な指導者が去れば、むしろ両者は結びつきを強めた。

三　流れを変えたアラブ地域の動乱

右に示した通り、カッザーフィー期に両国は政治的に一線を画したものの、本来はお互いに影響を受ける関係であった。そのことが再確認されたのが二〇一一年に始まったアラブ地域の動乱であり、このアラブの動乱こそが、エジプト政府がとってきた軍事的不介入の原則を変えた端緒となった。

再認識された結びつき

両国の強い結びつきが最も早く表れたのは、治安面においてである。リビアで反政府デモが始まった直後の二〇一一年二月初旬、リビア政府が国境を管理することができなくなったことで、両国の国境をまたぐ西部砂漠から大量の武器や軍装備品がエジプトに流入した。それらは、ムバーラク政権崩壊後の混乱期のなかで、国内の治安を悪化させる要因となった。さらに、リビアから密輸された武器は、シナイ半島を拠点とするイスラーム急進派「エルサレムの支援者団」(二〇一四年に「イスラーム国シナイ州」と改称)に渡るようになり、それにより二〇一五年にはロシアの民間航空機が爆破され、長期にわたるエジプト国軍と急進派の戦闘が続いた。

また、リビアは社会的、経済的にもエジプトにとって欠くことのできない重要な国であった。人口が一億人を超え、貧困率が三二%(二〇一九年)を超すエジプトにとって、産油国であるリビアは貧困層の最も身近な出稼ぎ先である。二〇一一年の政変時には約一五〇万人のエジプト人労働者がリビアで働いていたが、紛争の激化に伴い多くがエジプトに帰国して失業状態となるなど、国内の不安定要素となった。リビアの安定はすなわちエジプトの安定であり、リビアの不安定化はエジプトの治安を不安定化させ、政権の存続に直結する問題となることが改めて確認された。

変化の端緒となった軍事政権の誕生

アラブ動乱は、エジプトにとってリビアが経済的、治安的に重要であることを知らしめると同時に、国軍が政治の表に出てくる状況を作った。ナーセル以降、国軍は一貫して体制の中核を占めてきたが、サーダートは政権の要職に退役軍人ではなくテクノクラートを多く任命したため、相対的に軍の政治における役割は低下した。再び軍が政治の前面に出てきたのは、ムバーラクに対する辞任要求デモが大規模化し、国軍の幹部で組織される軍最高評議会がムバーラクに引導を渡し全権を掌握して以降である。軍最高評議会は、エジプト国内で活動する米民主党系NGOをめぐってオバマ政権と激しく対立するなど、ムバーラクとは異なり政治に積極的に関与する姿勢を示した。そして、二〇一三年七月に軍最高評議会のメンバーでもあるスィースィー国軍総司令官が、民主化のやり直しを主張して同胞団が主体となったムハンマド・ムルスィー（以下、ムルスィー）政権をクーデタで倒したことは、今後の国軍の影響力の拡大を決定づけた。欧米諸国は、スィースィーがクーデタで樹立したアドリー・マンスール暫定政権の正統性を認めず経済支援を差し止めると、暫定政権は代わってロシアや中国、そして同胞団を反政府勢力とみなすサウジアラビアやアラブ首長国連邦を始めとするペルシャ湾岸諸国など、当時必ずしもアメリカ政府と良い関係になかった諸国との結びつきを強化した。そして、二〇一四年六月にスィースィーが大統領選挙で勝利すると、多方面の政策や法律のなかに、国軍の役割の拡大が明記された。

軍主体の政権が誕生したことは、エジプトによるリビアへの関与を推しすすめる要因となった。なぜなら、クーデタで同胞団政権を排除したことで、武力を用いて政権の打倒を目指す「イスラーム国シナイ州」などの複数のイスラーム急進派の反政府活動が活発化し、これらの急進派がその拠点を置いたのが、リビア東部の西部砂漠だったからである。つまり、スィースィー大統領にとって、政権の最大の脅威であるイスラーム急進派の排除は政権を維持するために必須であり、政策を転換して軍事を用いてでもリビアに関与することは、ある意味必然といえた。スィースィー大統領が、「リビア国民軍」を率いるハフタルを支援する理由として、地域の安定を脅かす「テロとの戦い」を繰り返し強調したことからも、政権にとってリビアの治安の安定がいかに重要であるかが窺える。

四　軍事的関与を可能にした二つの連携関係

スィースィー政権にとって、リビアへ介入する強いインセンティブがあっても、これまでの政策を覆して軍事的に隣国に関与するのは容易なことではない。それを可能にしたのは二つの連携関係である。このいずれかではなく、二つの連携が同時に存在したからこそ、エジプトが軍事的にリビアに介入するようになったと思われる。一つは、ロシアとの軍事的関係の復活であり、二つ目はペルシャ湾岸産油国との対同胞団での連携である。いずれの国もエジプトと同じ東部のトブルク「政府」を支持しているが、その背景と目的は各国異なる。エジプトは単独ではなくこれらの諸国と共同で、ハフタルが率いる「リビア国民軍」に対する軍装備品の輸送、連携国に対するエジプト空軍基地の使用の許可など、主に兵站面での協力を行った。

復活したロシアとの連携

エジプトがロシアと軍事部門で連携関係を強化したことは、一九七二年にサーダートがソ連の軍事アドバイザーなど軍事産業関係者約二万人を追放して以来であり、約四〇年ぶりのことであった。両国が接近した直接的なきっかけは、二〇一三年七月のクーデタに際し、欧米諸国や国際通貨基金（IMF）などが、スィースィーが後ろ盾になったマンスール暫定政権に対する支援を停止したことであった。(4) しかし、実はエジプトでは二〇〇〇年代から政治的思想や立場にかかわらず、過度な対米依存を修正しようという世論が高まっていた。つまり、支援の停止が原因でエジプトがロシアに歩み寄ったのではなく、それはきっかけのひとつであったといえる。ロシアとの関係の強化は、当初はアメリカに対するレバレッジであったかもしれない。しかし、両国は緊密かつ急速に関係を強化した。これまでアメリカの対中東政策の要となってきたエジプトの立場は、これを機に変化する可能性も指摘できる。ロシアによる地中海東岸部や北アフリカ地域への進出の意図については、本章では踏み込んだ議論をすることはできない。ここでは、ロシアの中東地域における影響力の回復（小泉二〇一九：一九八）、経済権益の拡大（鈴木二〇一九：六二―六三）などを指摘するにとどめるが、ロシアの北アフリカ東部への進出は、シリアにおける軍事拠点の強化と並行して行われたことは留意すべきだろう。

エジプトとロシアの軍事部門を中心とする協力関係は段階的に強化された。クーデタからわずか四カ月後の二〇一三年一一月、両国間で外務、防衛閣僚協議、いわゆるツー・プラス・ツー会談が行われた。二〇一四年五月にスィースィーが大統領に選出されてからは、両国の結びつきはさらに強まった。二〇一五年には、ロシア企業による地中海沿岸都市ダブアにおける原発四基の建設が発表された。同年一〇月にロシアの民間航空機が「イスラーム国シナイ州」によって爆破され二二四名ものロシア人の犠牲者が出ると、スィースィー政権は全国の空港にロシア製防衛システムを配備することを受け入れた。これにより、両国は航空保安の分野でも関係を強めた。

両国のリビアにおける軍事的な関わりが表面化したのは、二〇一五年九月にロシアがシリア内戦に参戦して以降である。ロシアはシリア内戦の当事者となると、シリアの地中海沿岸の拠点基地であるフメイミームとバニヤースに加え、リビアを含む地中海南部地域に進出した。象徴的なのは、二〇一六年以降複数の情報筋が、エジプト政府がリビア国境から約一〇〇キロの地中海沿岸にあるスィーディー・バッラーニー空軍基地、マルサー・マトルーフ空軍基地などの使用をロシア軍に認めたと報じたことである。同基地はナーセル期にソ連が使用していたもので、サーダートが同国との軍事的関係を断って以降、ほとんど使用されてこなかった。二〇一七年三月には、リビア東部にロシア軍が展開するため、エジプト領内に入ったと報じられた。エジプト政府にとって、非ムスリム国家とみなされるロシアの軍隊に自国の基地を使用させたと国民に知られることは、政権の正当性にも関わる重大な問題である。そのため、エジプト軍は報道官を通して国内における外国の軍隊の存在を否定した（URL⑤）。リスクがあるにもかかわらず基地の使用を許可したことは、スィースィー政権がどれほどリビアを重視しているか明示していよう。両国はその後、二〇一八年に戦略的パートナーシップ協定に署名した。そして、エジプトはロシアやアラブ首長国連邦とともに、たびたび軍輸送機を用い「リビア国民軍」への軍装備品の支援を行った(5)（URL⑥）。

対同胞団での連携

ロシアと並んでエジプトがリビア紛争において連携したのは、カタールを除くアラブ地域のペルシャ湾岸産油国である。ペルシャ湾岸諸国の政権は、同胞団を潜在的な反体制勢力と位置づけており、同胞団を保護するトルコおよびカタールと確執を深めたという点で、エジプトと利害を共有した。

湾岸産油国の政府はこれまでも同胞団を政権の脅威とみなしてはいたが、二〇一一年のアラブ地域の動乱以前は各国の軍隊が対同胞団で連携して行動を起こしたことは確認されていない。しかし、ムバーラク政権崩壊後の民主化過程において同胞団出身のムルスィーが大統領に選出され、同胞団を母体とした政権が誕生すると状況は変化した。欧米諸国がクーデタを理由にマンスール暫定政権とスィースィーに対する不支持を表明すると、サウジアラビア、アラブ首長国連邦、クウェートなど、カタールを除く湾岸産油国は、マンスール暫定政権に対しエジプト政府がＩＭＦから受け取る予定だった融資額と同額の一二〇億ドルの財政支援を行い、暫定政権の正統性を強く支持した。そして、クーデタ後に同胞団を法的にテロ組織と規定したマンスール暫定政権とその後誕生したスィースィー政権に対し、二〇一四年末までに総額二三〇億ドルもの財政支援を行った。この援助により、エジプト政府は辛くも財政破綻を免れた（鈴木二〇一七：九四）。このように、二〇一一年のアラブ動乱により始まった民主化の試みが、同胞団を脅威とみなすアラブ諸国の政府を結束させたといえる。

エジプトとアラブ首長国連邦などのペルシャ湾岸諸国が連携してリビアに関与するようになったのは、スィースィーのクーデタから約一年後の二〇一四年八月である。この時、スィースィーはアラブ首長国連邦空軍とともにリビア東部を空爆し、初めて公にリビアに軍事介入した。ただし、この時の空爆の対象は、カッザーフィー政権崩壊後にリビア東部に拠点を形成したアルカーイダや、「イスラーム国（ＩＳ）」の流れをくむ複数の武装勢力であり、同胞団を直接の標的としたものではなかった。

エジプトによる武力介入が対同胞団の傾向を強めたのは、アラブ諸国、フランス、アメリカなどの空爆により、「イスラーム国」などのイスラーム武装勢力の支配地域が縮小した後で、二〇一六年に国連がリビアの正統な政権として承認した国民合意政府を、同胞団が支持するようになってからである。そして、トルコとカタールもまた国民合意政府を支持したことで、アラブ諸国が本格的に東部のトブルク「政府」を軍事面から支援し始めた。こうして、リビアにおける紛争はシリア同様、超大国や域内大国など複数の国家が、それぞれ異なる思惑から東西「政府」を支援する、重層的な紛争に変化した。トルコは、二〇一九年一二月には国民合意政府と軍事協力に関する覚書を交わすことで合意し、軍装備品だけでなく兵力も提供することを表明した。トルコは、二〇一九年半ばからシリアのイドリブで戦っている親トルコ戦闘員を非公式にリビア西部に移送していると指摘されてきたが、やがてトルコ政府は公式に戦闘員の移送を認めた。トルコがリビアへ関与する理由は、新生リビアに親トルコ政権を樹立することによって、対立を深めるエジプトやサウジアラビアをはじめとするアラブ諸国を牽制することなどが考えられるが、経済的利権の確保なども指摘できる。以下では、リビアに介入する諸国が共有する経済的利害について考察する。

共有される経済的目的

リビアにおける紛争では、複数の国が異なる目的で緩やかな連携を組んでいるが、内戦が終結した後の新生リビアにおける経済的影響力の確保という点において、トルコを含め全ての当事国は目的を同じくする。リビアは石油埋蔵量世界第一〇位(二〇一九年)の産油国であり、同国の原油確保のために欧米の大国が内戦に介入したことは驚くに価しない。しかし、石油輸出に依存するロシアやアラブ首長国連邦などのペルシャ湾岸諸国もまた、欧州市場の確保、あるいは石油価格への影響を考慮してか、対立する陣営がリビアの油田地帯を支配下に置くことを牽制する行動をとったことは注目に値する。

エジプトは石油輸出に依存する国ではないが、国軍にとって経済的利権の確保は国防と並ぶ関心事項である。エジプト軍は、一九七九年のエジプト・イスラエル平和条約の締結により戦争の脅威が著しく低下して以降、経済活動に重点を置いており、軍産複合体を含む国軍が運営に関わる経済活動の規模はＧＤＰの最大約四〇％を占めるほど大きい。天然ガスをはじめとするエネルギー産業もまた国軍が掌握しており、これが、国軍がリビアに関わろうとする強い動機づけになっていると思われる。

注目されるのは、スィースィー大統領が提唱する東地中海における天然ガスハブ構想である。この構想は、二〇一五年にエジプトの地中海沖で巨大ガス田ズフルが発見された際にスィースィー大統領が提唱したもので、天然ガスの液化輸出設備が整っているエジプトを拠点として、東地中海各国を結ぶパイプラインを敷設するというものである。そして、二〇一九年一月にはこの構想に基づき、エジプト、イタリア、イスラエル、ギリシャ、キプロス、ヨルダン、パレスチナが協力して東地中海のガスを欧州へ輸出する、東地中海ガスフォーラム（ＥＭＧＦ）が設立された。東地中海沿岸では、二〇一〇年頃から相次いで巨大ガス田が発見されており、ズフルガス田の発見は、二〇一〇年のイスラエルのリバイアサンガス田に次ぐものだった。そこで、スィースィーは天然ガスの産出に関わる東地中海岸諸国の欠点を補い合い、エジプトを欧州向けの天然ガス輸出の有力拠点とする構想を提唱したのである(6)。

一方、トルコはこの構想から排除された。トルコは、エジプトやキプロスなどＥＭＧＦ構成国とは必ずしも良好な関係にないだけでなく、自国が開発する欧州向けの天然ガス戦略を推進しており、欧州市場の確保という点においてエジプトと競合する。トルコは、二〇一九年一一月にリビアの国民合意政権との間で排他的経済水域（ＥＥＺ）の境界線で合意したが、この合意には、国民合意政権が支配する地域のＥＥＺとトルコ側のＥＥＺをつなぐことで、ＥＭＧＦによるガスパイプライン敷設を阻止する意図があったと思われる。トルコはこの合意の見返りのためか、合意翌月の一二月には国民合意政府支配地域への派兵を決定した。

おわりに

エジプトは一九七〇年代以降、軍事的な手段を用いてアラブ諸国の問題に関与することは避けてきた。しかし、スィースィー政権は従来の方針を転換してリビアへの軍事介入を決定した。二〇世紀初頭にエジプトとリビアに成立した主権国家の枠組みを変更することは、二一世紀の国際社会では許されるものではない。しかし、歴史的な両国の関係性を鑑みれば、両国は本来領土的に一体性をもっていた。エジプトにとって、リビアが不安定化すれば、たとえ武力の行使を伴ってでも介入する誘因はあるといえる。

しかし、それは単独では困難であった。この状況を変えたのが、二〇一一年のアラブ動乱であり、エジプト軍の台頭であった。スィースィー政権は、同じイスラーム国家であるペルシャ湾岸諸国との軍事的連携を前面に出しつつ、一方で巧みにロシアとの軍事関係を強化した。

アラブ地域の政治動乱は、超大国と域内大国の介入を招き、国家間の関係を変化させ重層的な対立構造をもたらすなど、深刻な危機であることに違いはない。しかし、危機はそれにとどまらない。この危機によって引き起こされた、あるいは再編された軍事的連携が、複数の国を巻き込んで新たな軍事介入を生むこの連鎖こそ、グローバルな危機といえよう。

注

(1) シリアとアルジェリアは、飛行禁止区域の設定に反対の立場を示した。

(2) ハフタルは、一九八七年のリビア・チャド紛争時にチャドで勾留されたが、その間にカッザーフィーと対立し、一九九〇年に釈放された後はアメリカに亡命した。二〇一一年にリビアで紛争が開始されると帰国し、カッザーフィー政権崩壊後のリビア空軍で司令官を務めた。

(3) カッザーフィーが認めた破壊行為の例には、西ベルリン・ディスコ爆破事件(一九八六年)、パン・アメリカン航空機爆破事件(一九八八年)、UTA航空機爆破事件(一九八九年)などがある。

(4) クーデタ時に大統領と国会議長がともに不在であったため、二〇一二年憲法第一五三条の規定に従い、最高憲法裁判所長官であったマンスールが暫定大統領に就任した。

(5) エジプト軍はロシアへの軍装備品の支援については言明していない。しかし、二〇一九年一一月一三日には、カイロにおいてムハンマド・ザキー・エジプト国防相とセルゲイ・ショイグ・ロシア国防相の間で、テロとの戦いを目的とした第六回エジプト・ロシア共同軍事協力会談が実施されたと報じられた(*Al-Maṣrī al-Yawm*, 2019.11.13)。また翌日一一月一四日にはスィースィー大統領がアラブ首長国連邦のアブダビにおいて、ムハンマド・ビン・ザーイド皇太子と会談し、アラブ地域の治安問題について話し合われた(*Al-Maṣrī al-Yawm*, 2019.11.14)。

(6) 二〇二〇年一月、液化輸出設備が整っているエジプトと、ガス田を有するが輸出設備が十分でないイスラエルが協定を結び、イスラエル産天然ガスをエジプトの施設で液化し輸出することで決定した。

参考文献

小泉悠（二〇一九）『「帝国」ロシアの地政学――「勢力圏」で読むユーラシア戦略』東京堂出版

鈴木恵美（二〇〇五）「エジプトにおける議会家族の系譜」、酒井啓子・青山弘之編『中東・中央アジア諸国における権力構造――したたかな国家・翻弄される社会』岩波書店

鈴木恵美（二〇一七）「スィースィー政権の「脱サウジアラビア政策」」、平成二八年度外務省外交・安全保障調査研究事業『中東情勢・新地域秩序』公益財団法人日本国際問題研究所

鈴木恵美（二〇一九）「エジプトとロシアの関係強化の現状と背景」、平成三〇年度外務省外交・安全保障調査研究事業『グローバルリスク研究』公益財団法人日本国際問題研究所

立山良司（二〇一三）「体制移行期における内戦と「保護する責任」――リビアとシリアの比較」平成二四年度外務省国際問題調査研究・提言事業『「アラブの春」の将来』公益財団法人日本国際問題研究所

Baldinetti, Anna (2010) *The Origins of the Libyan Nation, Colonial Legacy, Exile and the Emergence of a New Nation-state*, Routledge Studies in Middle Eastern History, Routledge.

Bates, Oric (2006) *The Eastern Libyans: An Essay*, Frank Cass & Co. Ltd.

The Berlin Conference on Libya (2020) *Conference Conclusions, Press Release 31*, The Press and Information Office of the Federal Government, 2020, 19 January.

Ellis, Matthew H. (2018) *Desert Borderland, The Making of Modern Egypt and Libya*, Stanford University Press.

Hüsken, Thomas (2019) *Tribal Politics in the Borderland of Egypt and Libya*, Palgrave Series in African Borderlands Studies, Palgrave Macmillan.

Al-Qasshāṭ, Muḥammad Saʻīd (2010) *Sulaimān bāshā al-Bārūnī wa Āthār-hu al-Adabīya fī al-Mahjar 1923-1940*, Maktaba Jazīra al-Ward.

Al-Qasshāṭ, Muḥammad Saʻīd (2017) *Lībiyā wa al-ʻIlāqāt al-Tārīkhīya maʻa Duwal al-Jiwār*, Maktaba Jazīra al-

Ward.

Spencer, Zifcak (2012) "The Responsibility to Protect after Libya and Syria," *Melbourne Journal of International Law*, 13(1).

URL

① http://classic.austlii.edu.au/au/journals/MelbJIL/2012/3.html（二〇二〇年五月一七日閲覧）

② http://www.log.gov.ly/downloads/add01.pdf（二〇二〇年五月一七日閲覧）

③ https://www.cartercenter.org/resources/pdfs/news/peace_publications/election_reports/libya-06112014-final-rpt.pdf（二〇二〇年五月一七日閲覧）

④ https://www.sis.gov.eg/section/125/137?lang=ar（二〇二〇年五月一七日閲覧）

⑤ https://today.almasryalyoum.com/default.aspx?IssueID=4266（二〇二〇年五月一七日閲覧）

⑥ https://www.aljazeera.com/news/2019/11/point-blank-egypt-russia-uae-arms-libya-haftar-191112084552422.html（二〇二〇年五月一七日閲覧）

第3章　革命は神話か？
――チュニジアの新自由主義危機に対する反応――

エメル・アクチャル
稲永祐介・松永泰行　訳

はじめに

現下のグローバルな文脈においては、グローバル・レベルの統治性のゆえに、新自由主義的合理性が開発型国家の批判の上に自らを確立することを余儀なくし、「国家と社会の組織原理である市場という形態」(Lemke 2001：200)に沿って政治を再構築させることに関与する。市場価値に基づき組織されていないどのような生命体も、容易に潜在的なセキュリティ・リスクであるといわれかねない。例えば、社会福祉プログラムが寿命を延ばし、健康を増進しても、それが市場価値を生み出さない場合にはまったく支援に値しないといわれかねない(Povinelli 2011：22)。その結果、統治性の枠組みにおける自由主義経済と市場競争が、「想起される自由の種類に型をはめる主要な基準となっている」(Kurki 2011：353)。経済的合理性に手引きされ、新自由主義的統治性は、競争力と企業家精神についての独特な理解を通じて、個人だけでなく「市民社会」をも形づける。その結果、個人や市民は政治の領域において、政府に対し説明責任を求めるのであるが、それを新自由主義的合理性の枠内でのみ行うようになる（Tagma et al. 2013：379）。新自由主義的統治性は、文化的な観点からも福祉国家とは対照的である。なぜなら、文化的な改革を通じて、市場の規範と価値、さらにそれらを基盤とする行動形式を、すべての領域（政府の制度や道具を含む）で植え付けることが中心的な課題とされているからである（Dean 2010：190）。

二〇一〇—一一年のアラブ革命（チュニジアのものを含め）を論じるにあたって、この革命が、中東・北アフリカ地域の権威主義的統治者が生んだ民主制の欠損だけでなく、それらの体制の新自由主義アジェンダをも背景にして起こったことを忘れてはならない（URL①）。指摘されているとおり、アラブ革命のような歴史的な決裂点においては、人民の多数派や利益団体、組合、政治運動、政党が、社会民主制、またより一般的に、社会経済上の平等性——これまで「私的」であった領域を公的に規制し、改編する（したがって所有権を一新する）可能性も含め——を要求し、また支持する傾向がある（Patomäki and Teivainen 2002：43）。しかし、こうした事実にもかかわらず、アラブ革命以来、「西側の」諸政府、つまりヨーロッパ連合（EU）、さらにトルコやカタールなどの国々がアラブ世界に売りつけてきたのは、依然として新自由主義の経済アジェンダであった（Tagma et al. 2013）。それはおそらく、上述の類の要求が、通常、所有権だけでなく、資本主義的市場経済に関する支配的な理論にも相反するからであろう。その結果、影響を受ける人びとの多くの要求や意見、選好にもかかわらず、構造調整プログラムが強制されねばならないとされる（Patomäki and Teivainen 2002：43）。そのような枠組みに関して生起する主要な問いは、途切れなく続く新自由主義的統治性は実存的な絶望以外の何かに導くのか、またアラブ革命の当事者たちは、真に革命的な変革を達成するために、それに対する抵抗の形態を真に掘り起こしうるのか、とのものである。

フーコーの統治性の見方《パースペクティブ》――そこでは人間は、ある特定の統治性のテクノロジーに包み込まれてしまうことによって、知識と行為の客体にも主体にもなるのであるが――においては、解放とは通常、その内容が歴史的に状況依存的で、統治性のテクニックによってのみ変容するところの権力関係の内的な様態であると考えられている(Dean 2010; Rose 1990)。リベラルな社会は、特定の種類の主体的アイデンティティを創り出し、自由の特定の実践を処方する。自由への欲求とその享受そのものが、逆説的ながら、政府の命令となり、それによって権力関係に対抗的ではなくなる(Prozorov 2007: 30–31)。これが意味するところは、当然ながら、真の抵抗の可能性と人間的主体の能力は限定的であるということである。

しかし、バーナウアによれば、フーコーの枠組みにおいては自由を求める抵抗は、ある者が誰であるかを決める統治性に対してのみ存在している(Bernauer 1994)。したがって、自由は統治性の枠組みへの抵抗を実践すること――それは統治性が構成したアイデンティティから逸脱することであるが――を通じて現実化可能である(Prozorov 2007: 35)。アイシェ・ザラコルも「主体性、主権、そして積極的な自由の真の顕現は、自らの存在論的不安に直面し、自己構築が実存の不可避的な部分であることを認識することによって達成できる」と示唆している(Zarakol 2011: 254)。くわえて、統治のテクノロジーは、グローバルなレベルであれ、国別のレベルであれ、「対抗的行動」を通じて、絶え間なく主体から抵抗を受け、逆方向へ動かされ、対抗されているのは明らかであり、そのような抵抗は統治性の戦略とテクニックに密接に連結しているとフーコーは考えている(Foucault 2009)。言い換えると、抵抗をするとき、主体は統治から解放されるのではなく、統治の技巧と抵抗の実践の間の相互行為に埋め込まれるのである(Odysseos 2011: 440)。実際、フーコーは、対抗的行動——すなわち抵抗——が統治性の研究に不可欠であることを認めている。なぜなら統治権力の分析はまさに逸脱の地点から開始できるからである(Foucault 2000: 329)。さらに、フーコーの統治性を通じた権力の理解は、押し付けることの逆効果に気づいているものであり、したがって、権力は統治する側の人びとの「関与」、「共有」、「意欲」を追求するとのものである(Malmvig 2014: 295)。したがって、フーコーは意思決定過程の現場レベルでの所有性、つまり「「ガバナンス」におけるその場固有の意思決定者、専門家、または市民社会組織」を優先させること、に重きを置く(Kurki 2011: 353)。グローバル・レベルの新自由主義的統治性は、依然として市民社会の主体を通じて、アラブ革命、国家、社会の行動を規制するが、統治性としては、「提携性、所有性、改革への意欲という観念を通じた」形態に限定して効果を発揮する(Malmvig 2014: 295)。

この理論的な考察に基づき、次節において、チュニジアで真に社会的また革命的な変化が実際に可能であったのかについて、革命後の環境の中で起こってきた国家および社会の変容に光を当てることで議論したい。

一　チュニジアにおいて真に革命的な変化が起きているのであろうか?

革命後のチュニジアの立法選挙および大統領選挙は、多分に「チュニジアの呼びかけ(Nidaa Tounes)」と「ナフダ(En-Nahda)」の間の議席争いと見なされたが、実際の政治的な闘争は、外国のメディアが描くような世俗主義者対イスラーム主義者の二項対立図式に対応していない(URL②)。二〇一〇年一二月のチュニジア革命は、長年にわたる労働運動と人権活動の結果であり、「より長い不満と争議政治の歴史」(Gana 2013: 2)から切り離して分析することは誤解を招く。失業、特に若者の失業は、いまでもチュニジアの主要問題であり、とりわけ内陸部と西部諸県で顕著である。したがって内陸部の都市であるシーディー・ブージードが二〇一〇年のチュニジアの蜂起の震源地であったのは驚くべきことではない。経済政策の新自由主義化は、確かにチュニジアの生活水準を向上させたが、社会における格差を増大させるという代価を払った。それらの政策は、ベン・アリーの権威主義体制がトップダウン方式で導入し、新しい受益者階級を自ら選りすぐった(Görmüş and Akçalı 2020)。

エジプト、ヨルダン、モロッコなどと同様、チュニジアにおけるそのような新自由主義の政策を最初に提唱したのはアメリカとイギリスであった。それらの政策は、広範な民営化と大幅な規制緩和を目指し、所得格差、賃金の低下、失業の増加、雇用不安、助成金の撤廃、国内債務の増加をもたらした。ボガートがうまく述べているとおり、アラブ諸国の各都市で人びとが抗議をするため路上に集まったのは貧困が原因というより、拡大し続けている社会的不平等が理由であった（URL①）。仕事と尊厳がチュニジアの革命家たちの定言的な〔つまり、絶対的に必要であるとの〕主張であった。しかし、西側の解釈によれば、チュニジアの問題点は、政治が手続き的民主制で、経済が新自由主義的で、文化的主体が「起業家的」で「競争的」である政体を欠いていたことであった。これらを打開するためにアメリカ政府は、チュニジアで市民社会の発展を熱心に推進してきていた。それはまた、EUの統治性のテクニックでもあった。

中東パートナーシップ・イニシアチブ——九・一一以降、ブッシュ政権が設置した、アメリカと中東・北アフリカ地域との間の提携を強化するためのプログラム——は、既存の市民グループに力を与え、地域プロジェクトを支援するための多くの助成金を提供した。それらのプロジェクトには、例えば、E-Mediat があるが、これは、電子メディアツール、テクノロジーとトレーニング、ソーシャル・メディアの技術を使いこなす市民社会のリーダーを育成する一八カ月のコースである。EUのチュニジアへの関わりも、リベラルな経済改革に焦点と優先順位を設定し、市民社会の役割を強調している。

米国とEU双方がチュニジアで進める国家と社会関係の変革への支援政策は、市民グループと市民社会的規範を通じてチュニジア人を統治性に染める手法として結果的に役立っており、これらの規範は急速に大部分のチュニジア人により内面化されている。チュニジアの市民社会は、すでに、ベン・アリー体制のほとんどすべての制約から解放されており、その結果、数千の新しい市民グループが国中に現れた。ベン・アリー政権下で市民社会を抑圧してきた結社法は、暫定政府による二〇一一年九月二四日の政令で正式に改正され、法律が新しくなったことで、市民による結社が著しく容易となり、市民団体の設立または運営に関連する活動すべてに対する刑事罰が撤廃された。

また、EUは、欧州近隣諸国政策を通じてチュニジアの市民社会のエンパワーメントにも積極的に取り組んでいる。この市民社会への関与は、EUの「アラブの春」への関与の第三の要素、「人民とのパートナーシップ」の一部とみなされている(Tagma et al. 2013: 382)。EUの支援には、「アラブの春」諸国における変容の支援のために新政府とのパートナーシップの形をとるだけでなく、市民社会による不平不満や提案の声にEUが耳を傾けることも含まれていることが強調される。市民グループの結社を望むチュニジア市民は、法制が簡易化された後、内務省の許可証を取得する代わりに、地方管轄局に登録することだけが求められるようになった。

チュニス在住のある研究者の非公式の概算によれば、国内の登録NGOの総数は、二〇一〇年一二月には八〇〇〇であったが、二〇一一年六月までに二万にまで達した。新たなNGOは、互いが関心を向ける同じ問題に対処するために巧みに連立を組む。例えば、いくつかの異なる人権NGOの連合体は、死刑廃止のために当局に積極的に圧力をかけてきている。もちろん、チュニジア産業・商業・職人連合(UTICA)もある。この団体は、チュニジアの企業主組合であり、大企業や産業界の利益を代表し、チュニジアで救済策を提供するために、主に中産階級の市民グループと協力している。二〇一二年一二月に作成された報告書では、UTICAは、チュニジアの政治エリートが経済成長や投資、雇用の創出のために(とりわけ国内の開発が不十分な地域で)行動するよう勧告していたが(UTICA 2012)、その一方で若いチュニジア人がビジネスを立ち上げ、経済成長に資するように、アメリカ政府に対して、起業家精神などのスキルを学ぶためのトレーニング・プログラムを教育制度の中で提供するよう求めた。

これは、革命後のチュニジアにおいて、仕事に関する人びとの期待に関する文化的な変化を伴わなければならない、という一般に共有されている心情に基づいている。ベン・アリー体制下とは違い、与党とのコネクションで簡便に仕事が得られる訳ではないのだ。

しかし、そのようなグローバルな統治性のテクニックの浸透が比較的成功しているにもかかわらず、多くのチュニジア人、とりわけ若者の大部分とほとんどの女性は、公式に進む民主的な自由化のプロセスから取り残されていると感じている。かつて二種類のチュニジア人がいたが、それは依然として変わっていない。「一方には権力や金、快適さ、「開発」を求めるチュニジア人がいる。このタイプの人びとは、沿岸地域、特に首都と上流階級が住む郊外とサヘル地域に住む。もう一つのタイプは、南部や内陸部、西部で周縁化され、貧しく、従順で、依存的なチュニジア人である」(Ayeb 2011: 470)。後者は、社会経済においても政治においても疎外されており、制度や政策の外部に取り残され、路上での争議政治に頼る傾向がある。彼らのうち少なくない者が、イスラームに主張や不満を表明する言語を見出している。最近の報告によれば、約三〇〇〇人のチュニジア人がシリアで外国人戦闘員となり、ヌスラ戦線やイスラーム国(IS)などの組織に加わっている。この数はサウジアラビアやリビアの派遣部隊よりも多い(URL③)。チュニジアのとある情報筋によると、チュニジアのサラフィー主義者が管理するモスクは、アサド体制と戦うためにシリアにジハーディストを派遣する宣伝活動に携わっている(Torelli et al. 2012: 150-151)。しかし、筆者が二〇一三年四月にチュニスでサラフィー主義の若者にインタビューを行った際、シリアに行くチュニジアの若者たちの主な動機は、「名誉ある」死によって人生に意味を与えることであるとの印象を得た。彼らによれば、彼らの死は、自分を直接天国に送るためだけでなく、「七〇人の家族を一緒に」連れて行くのだという。

世俗主義やイスラーム主義、さらにその他の競合するイデオロギーは、したがって、今日のチュニジア社会に存在する強要をする関係性の上辺《ファサード》を示しているに過ぎない。実際の争いは、土地と財産を所有する人びとと周縁化された人びととの間でこれまでと同じように生じているのかもしれない。その上、チュニジアの〔ナフダなどの〕イスラーム主義者による政治の経験は、国内の一部により過激化した者たちがいるにもかかわらず、これまでのところ協力と合意によって総括できる（URL④）。したがって、革命後のチュニジアの主な問題を、単にイスラーム主義者と世俗主義者との間の分断として把握することは誤解を招くものとなる。また、現在の問題を、アラブの権威主義体制がもたらした自然な結果だとみなすのも同様に誤解を招くものである。チュニジア沿岸地域には、常により発展した経済があったが、革命後の経済の自由化でも、資本は内陸部ではなく沿岸地域へと流入し、既存の地域格差をさらに拡大させていった。チュニジアの政治指導者たちは、革命後の時期において、そのような重要な問題を十分に提起していない。

二〇一四年一月に批准された新憲法にも、この側面に関するいくつかの欠陥がある。新憲法は、旧憲法とは断絶し、議会制の政治システムを採用したが、憲法の成文において革命への言及がないことに気づく。例えば、憲法を起草した者たちは、革命の最も顕著なスローガン――「仕事、自由、国民的尊厳」――を保持することができなかったが、それは、このスローガンが第四条に示された「自由、尊厳、正義、秩序」という表面的なスローガンよりも象徴的であったからである。それゆえに、新憲法には、社会的国家の誕生、すなわち、チュニジアにおける真に革命的な進歩が生まれることを予兆する要素が含まれているといっても、誇張とはいえまい（URL⑤）。

ラッツァラートは、近著の『記号と機械』で、「革命的な出来事は、既存の因果律を断ち切り、社会的、経済的、政治的条件を変容させなければならない。そうすれば、そこから新たな可能性が現れ、国家、メディア、反動的な勢力の行動を阻止できるであろう」と論じている（Lazzarato 2014：21）。さらに彼によれば、社会的蜂起の後に純粋無垢な主観性は現れない。「むしろ蜂起の後は、焦点化や出現、主観化がはじまるのである。その実現と拡散は、新しいやり方で「生産」と「主観化」の関係を結びつける建設的なプロセスに依存する」と主張する（Lazzarato 2014：21）。そのような詳細な検討は、革命後のチュニジアで一般に真の革命的変化と解放が考案されているのかどうかを検討するために不可欠であり、この分析の必要性は次の倫理的な仮定から生じる。すなわち、社会構造がどのように主体の行動を動機づけ、強要し、制約を科し、可能にするのか、そしてそれらがどのように（潜在的に）変容をもたらす行動を生み出し、それと結びついているのか。我われは、これらの問題を十分に理解することによってのみ、既存の権力関係と情況を改良するのではなく、それらを乗り越えることができるのである（Bates 2010：354）。

権威主義支配の間、様々な形態の集合行為が何年にもわたって抑圧されてきた。このことから、今日のチュニジアでは、解放的な政治のために選びとるべき集合的な想像力を提起することは、実際には困難かもしれない。しかしチュニジアには、よく組織化された注意深い政治的アクティビズムがあり、それは革命後のプロセスのなか、政府に説明責任を果たすよう求めていることも事実である。このチュニジアで急成長し、非常に成功している中産階級の市民運動の他に、いまでもかなりの労働者階級の運動がある。この運動は、なかでも首都チュニスのカスバ（都心部）の座り込み抗議活動が示すように、学生や知識人、人権擁護派の弁護士、失業中の大卒者などの幅広い社会層を包含している。チュニジア労働総同盟（UGTT）の運動は、歴史的には、非常に戦闘的な同業組合主義とチュニスの独裁体制に反対する闘争を合体させてきたが、いまでも革命後のプロセスの重要な担い手の一つである。しかし、教員や知識人、弁護士などの左派エリートの多くは、権利の問題に焦点を絞り、ほとんどの人びとが最も関心を向ける経済問題に取り組んでいないと批判されることも事実である。チュニスの市民社会エリートは、一定程度、ベン・アリー体制以後の社会環境にまだ適応しておらず、その役割は抑圧や基本的権利の否定のいかなる兆候にも警戒を怠らない粘り強い反対派としてのものに留まると思われる。

例えば、「アイ・ウォッチ（I Watch）」（革命後にアメリカの民主国際研究所（NDI）や国際共和研究所（IRI）の援助を受け設立された汚職監視NGO）による世論調査では、チュニジア人は、憲法制定のプロセスにあまり関心がなかったものの、セキュリティや仕事などの実際的な問題に高い関心があることが明らかになった。レヴィーンが指摘するように、市場原理主義に従うリベラルな環境では、広範な政治的自由が信じられないほど深くまた破壊的な、不平等や搾取、抑圧を隠蔽する危機がある（URL⑥）。チュニジアの場合、例えば、大統領候補のモンセフ・マルズーキーの「共和国のための会議（CPR）」は、チュニジア社会のより貧しく、伝統的な（そして南部の）層を代表していた。一方、バージー・カーイド・セブスィーの「チュニジアの呼びかけ」は、単に旧体制との結びつきがあっただけでなく、旧体制が負債を負っていた国際金融界との結びつきをももっている。選挙のマニフェスト（Ennahda 2011）の中で「開発モデル」を発表したナフダは、実際には中身のないスローガン以上のことを示すことができなかった。ナフダは、むしろ、イスラーム主義政党であることだけを示し、トルコの公正発展党（AKP）とは違い、新自由主義経済の論理の枠内における主要な争点に取り組むことができなかった。ナフダと「チュニジアの呼びかけ」の経済政策のビジョンは、どちらも自由市場を強調しているため、それほど大きな違いはない（URL⑦）。したがって、大統領選挙でナフダがこれまで世俗的ながら同盟を結んでいたマルズーキーではなく、セブスィーの方へすり寄ったのは驚くべきことではない。したがって、今日のチュニジアにおける主要な脅威は、強力な二大政党（ナフダと「チュニジアの呼びかけ」）が「連帯をして、残りの野党すべてを抑制し、チュニジアを再び〔憐みを乞う〕アラブ世界の「ポスター・チャイルド」、「失敗した」新自由主義的改革モデル――もちろんこれはいつも悲劇的な不平等を生みだし、またそれを隠してきたのであり、そもそもそれがゆえにベン・アリーに対する革命が引き起こされたのであるが――のそれにしてしまうことである」（URL⑥）。

二　革命的な変化の可能性についての民族誌的調査

このような新自由主義的な包囲に置かれた状態で、真に革命的な変化が可能たりえたのかどうかをより正確に把握するには、チュニジアの社会を下から支え、それをより進歩的なものへ変容させるには余りに問題が多い現在の構造をより深く理解する必要があるだろう。そのためには、自覚あるチュニジアの諸個人が、みずからがその中に位置している、社会構築的に現れる社会関係を変容させるために、機会を活用する能力があるかどうかを調べる必要がある。この考察は、民族誌的なフィールドワークを通じて可能である。不平等な社会関係が再生産されることで最も恩恵を受ける人びとは、この社会関係に加わり、そしてその再生産を安定させる数多くのことに関与している。しかし対照的に、このタイプの社会関係の再生産から得る利益が最も少ない（または実際に損害を受けている）人びとは、この再生産のプロセスに抵抗するか、問題の社会関係を積極的に変えようとする。これが、ウォルターズが統治性を研究する者たちに、資本主義を批判的に分析し、様々な統治性が実践に移されて、またそれらが挑戦を受ける様態を、具体的な物質的場面で観察する必要がある（Walters 2012）と示唆する理由である。

人は社会を作り変えることができる。このような分析視角から日々、社会に関する実践的な知識に目を向ける必要がある。なぜなら複雑で多次元に広がる社会的現実の重大な「部分」は「隠された」まま社会的主体の「背後で」作用し、社会活動に制約を科したり可能にしたり、そして多くの場合には、思いがけない喜びや失望さえもたらすからである（Iosifides 2011：53）。では、社会を作り直し、その上、このグローバルな新自由主義が包囲する状態を変える真の社会革命を達成する潜在能力が、いまのチュニジアの誰にあるというのだろうか。

確かに、革命的な要求が過剰になりすぎないように、支配エリートと中産階級の強い抵抗があった（Zemni 2014）。例えば、チュニジアの中産階級は、より大きな経済的な機会やよりよい社会的条件、より多くのよりよい仕事を生み出す自由、そして汚職の原因である官僚制を抑え、起業家に好都合な財政条件や、より充実した公共サービスの提供と都会的なインフラストラクチャーの整備を求めている(URL⑧)。しかし、著名な社会学者でもあり、二〇一二年一月一日にモンセフ・マルズーキー大統領の政治問題担当大臣の補佐官に任命されたアジーズ・クリーシャーンは、新しい政治システムの出現を妨げる二つの重大な障害を特定した(Krichen 2016: 381)。それは、資本主義の下にある、多様な新自由主義の一つとしての既存の経済システムの特質(Görmüş and Akçalı 2020)であり、もう一つは、システム全体の特質である。二〇一一年以降、失業は、高等教育を修了した者たちを強く打ちのめし続け、沿岸部と内陸部の間に非常に大きな格差を生み出している。最も基本的な問題は、農産物などの基本的生産物の価格高騰や、地方分権化が取り組むはずであった国内の脆弱なインフラ、官僚制と高い税金のゆえに非公式経済に依存する貧しい地区や地域である。一方、女性は失業により、男性よりも二倍の影響を受けている。公共支出は大幅に増加し、ほとんどが外国からの借り入れによって補塡された(URL⑧)。

これらの問題は、ベアトレス・イブゥがチュニジアの「空間的二極化」と呼んだものの負の結末であるといまだに考えられている。つまり、支配層と沿岸エリートの政治的な同盟関係が結ばれ、沿岸地域に支出される公共投資が八〇%であるのに対して、内陸部への支出は二〇%でしかない非対称的な財政政策がもたらしたものである(Hibou 2011)。二〇一二年七月にチュニジアの競争力・定量研究所は、地域開発の実情を算出するために「開発の比較研究」を発表した。この調査結果は、経済と社会の発展に重要だと考えられた四つの領域――「教育とコミュニケーション」、「富と雇用」、「健康と人口」、「犯罪率」――に分類された一七の変数の平均値から成り（URL⑨）、チュニス県が第一位にランクされ、アリアーナが第二位、ベン・アルースが第三位、第九位のマヌーバは比較的劣っているが、ランキングの上位にある。しかし、この調査結果によれば、チュニジアの最も貧しい南部にあるタターウィーン（八位）と、チュニジアの内陸部にあるトゥーゼル（一一位）とケビリー（一二位）は、北東地域に位置するビゼルト（一四位）とザグワーン（一九位）の二つの県よりも状況がよいとみなされている。つまり、通常、各地域の平均以上に発展していると見なされている北東部が、内陸部の地域よりも順位が低いという結果である。

したがって、認識および実際上の空間的分極化の双方を克服するために、革命後の二〇一四年一月に制定された新憲法は、その一章を地方分権に割いている。それは、国際的な援助国もチュニジア政府当局も、地方分権が、チュニジアが国レベルにおいて抱える社会的な問題に対する優れた救済策と見なしているからである。そしてチュニジアが二〇一八年五月六日に最初の地方選挙を実施した際、ユースフィーによれば、分権化は、チュニジア当局が奇跡をもたらすような救済案として示された（URL⑩）。だが、この新しい分権化のプロジェクトがいかに警察と権威主義国家の遺産と決別し、無政府状態を避けながら、革命の主な要求である地域開発を確かなものとするかについてはあまり明らかではなかった。なぜなら地方分権化は、国際的な援助国によれば、何よりもリベラルな投資の論理に応じなければならなかったからである。例えば地方当局は、国家の監督から自由になり、領有地を民間事業者に開放し、競争に直接参加して資金を呼び込むことができる行財政の自治権を確保することが不可欠である（URL⑩）。この視点から見れば、地方分権化は、革命的な政治改革に貢献するかもしれないが、新自由主義の包囲から空間的分極化を自由にすることができるようには思えない。ヘリージーは、プロジェクトが地域開発の促進に成功し、「国民的統一と国家権威のとても恐れられた断片化を回避できれば、チュニジアの分権化のプロセスは、他のアラブ世界の市民がどのように地方行政を考えていくのかという問題に重要な意味合いを与えるだろう」と論じている（URL⑪）。

真の社会変動を求め、それをもたらすことのできる他の行動主体を理解するために、筆者は、二〇一三年三月から二〇一九年一月までの期間中にチュニジアでフィールドワークを行い、活動家（左派、右派、リベラル）、サラフィー主義者、知識人、政治家、研究者、NGOのメンバー、学生、労働者、農民、一般市民を含む約一〇〇人に対する聞き取り調査を実施した。調査対象には、年齢や性別、教育、収入、居住地の特性としての地方と都市の違いがバランスよく混在している。対象地域は、チュニスと、チュニジアの貧困地域としてエッタダーメン、スィテ・イブン・ハルドゥーン、サイーダ・マヌービア、内陸部の都市から、カイルワーン、シーディー・ブージード、ザグワーン、シリアーナ、カスリーン、ガフサ、ドゥーズ、メデニーン、メトゥラウィー、タターウィーン、沿岸部の都市からは、スファークス、ガーベスとジェルバ島であった。この研究は、批判的現実主義の存在論に依拠しながら、まずチュニジアの既存の社会経済構造を分析し、次に真の社会変動の可能性を探るために、行動主体の動機や行動、連帯、社会関係を調査する民族誌的な研究に依拠した。調査では、先に述べたように、自覚あるチュニジアの諸個人が、みずからがその中に位置している、社会構築的に現れる社会関係である機会を、それらを変容させるために活用する能力があるかどうかに焦点を当てた。

その他の重要な資料として、〔中東・北アフリカ〕地域の歴史や政治地理学、〔文化〕政治経済学とチュニジアの変容過程の分析に関する二次資料を参照した。この調査では、社会的プロセスを予測、分解、あるいは定義する代わりに、遡及的な推論方法による説明を試みる。以上の方法に基づく調査結果によれば、チュニジアでは一般に、上流および中産階級、資産や中小企業の所有者と店主(エッタダーメンのような貧しい郊外に住む人びとも含む)は、セキュリティと安定を優先していることがわかる。エッタダーメンで話を聞いた何人かの中小企業の経営者は、自身の専門分野で仕事に就くことができなかった大卒者であった。彼らがベン・アリーの支配を、より安定し、セキュリティを確保した体制であったと懐かしんでいたことは興味深かった。

一方、教育を受けた中産階級の人びとは、権利や正義、表現の自由と、チュニジアが外国からの投資を呼び込むためにグローバルな経済に組み込まれることを熱望している。ベン・アリーの(権力の座からの)放逐以来、社会問題に敏感な人びとは、チュニジアで繁栄する市民社会に積極的に参加している。しかし、チュニジアの革命家は、革命後のＮＧＯの激増を、「システムへの真の挑戦というよりも、むしろ抵抗を、礼儀正しく、道理をわきまえ、給与付きの、九時から五時までの仕事に変貌させる恐れがある」政治のＮＧＯ化と見ている(Gordner 2019)。例えば、チュニジアによく機能する自由主義経済と自由民主主義を望むリベラルな若者たちは、国内で活動する国際的なＮＧＯで積極的な役割を果たしている。では、革命後のプロセスへの彼らの参加は、真の革命的な変化を理解するための不可思議な事例になっているのであろうか。果たして革命家は、リベラルな思考様式を持つことができるのだろうか。市民的な自由に根ざすリベラルで、世俗的な政治綱領をもつ中道右派の政党である、「チュニジアの地平(Afek Tounes)」の関係者のように、資本主義的でリベラルでまた同時に革命的であることは可能性なのだろうか。同党は、主に知識人や上流階級、例えば政治的な権利と自由の理念に基礎づけられた中産階級的ブルジョア革命と適合性をもつ上流階級、を引き付ける。保守的な政党であるナフダおよびその周辺で革命後の政治に携わる保守派は、寄付行為や慈善活動、社会的な扶助金によって貧困層を支援することで補強された自由主義経済のガバナンス理解を持ち合わせている。

しかし、チュニジアには、依然として新自由主義の論理の外側で革命後の変革を熱望する行動主体がいる。彼らは、たとえ強力な政治的な連合を築くことができなくとも、既存のシステムに抵抗し続けている。こうした抵抗勢力は、若者や労働者、農民、さらにはチュニジアの統治者が一般に周縁者とみなす過激なイスラーム主義者も含まれる。彼らのなかには、チュニジアとアルジェリアの国境や、チュニジアとリビアの国境で密輸に関わる者たちなど、不安定で違法な仕事に携わる者たちや、二〇一〇年以降の広範囲にわたる失業や社会的不公正、地理的不平等について声を挙げる者たちが含まれることもある。伝統的な左派政党やナショナリストの左派の支持者以外でも、失業者を含む大卒者が、二〇一〇―一一年のチュニジアの尊厳革命の原則を継続し、人権や表現の自由などの個人的および社会的権利と自由を求め、抗議を組織している。例えば、大学生が組織する「マニッシュ・ムサメ（私は許さない）」の抗議は、議会による経済和解法案の最新の草稿を標的にした。この草稿が、ベン・アリー元大統領の政権下の汚職の容疑で告発された人びとに、ある種の恩赦と匿名性を与えるからであった。法律の主な起案者は、セブスィー前大統領であった。彼自身の前体制との関係が、この問題への彼の動機について多くの者が疑問を投げかける理由である。

他方、連帯経済を採用しているチュニジアの農民たち――ナツメヤシを生産するチュニジア南部のジェムナのオアシスで連帯経済を実践している農民のようにそうしている者たち――は、チュニジアで一般に受容されているリベラルな革命という選択肢へ挑戦をつきつけている。ジェムナの住民たちは、ベン・アリーの追放に続く一連の闘争の後、このオアシスに対する国家所有権の抹消に成功した。彼らは、本当の意味での連帯をめざすミクロ経済のアプローチから、オアシスの生産と管理を集合的に組織した。彼らはまた、教育、健康、インフラに焦点を当て、人間的な充実度を向上させる一連の地域的なイニシアチブを立ち上げた。この理由で、ジェムナは、チュニジアと世界の社会の双方の貧しく、不利益を被り、困窮している者たちにとって、最も重要な抵抗の拠点の一つである。二〇一五年にチュニジアで発生したテロ攻撃以降、地下に潜伏したサラフィー主義者も革命的言説を発展させている。彼らが、かつて穏健なイスラーム主義政党であったナフダのような政党を組織しないのは、制度化されると、彼らの革命的な訴えとイデオロギーを損なわせると考えるからである。彼らには独特の革命観がある。それは、イスラーム世界の初期にあったカリフ制を再建するために暴力を用いることがすべての真のムスリムの義務であるという前提である。彼らは、このカリフ制の確立が、現在の「西洋が押し付けた」新自由主義の秩序を覆し、チュニジアと世界中のすべてのムスリムに社会的公正をもたらすと信じている。

最後に、労働者階級と、とりわけチュニジアの内陸部と南部で進行している彼らの抗議行動は、チュニジア当局と国際的な援助国に、真の社会経済的革命がなければ、平和や繁栄、平穏は、チュニジアにほとんど無縁であることを思い起こさせている。例えば、二〇一七年に、南部のタターウィーン県で、チュニジアにおける経済的および社会的な不正や、そこに拠点を置く外資系石油およびガス会社に対する市民的不服従キャンペーンが激化し始めた。チュニスの抗議者たちは、一般的に、ベン・アリー政権の経済犯罪と汚職への透明性を求めたが、内陸部と南部の抗議者たちは、とりわけ、そこで生産される石油とガスからの社会的経済的利益がより平等に分配されることを求めている。一方、アルジェリアとリビアに隣接する地域と都市では、石油の密輸を含む膨大な非公式の取引が行われている。しかし、労働者の抗議運動は、地元の密輸業者の支援がなくなれば終わるだろうという見方は、チュニジアの社会経済的な不満を解消する助けにはならない（Gallien 2020）。サディーキーによれば、チュニジアの民主主義の耐久性が労働者たちの抗議によって試されているという。「彼ら〔労働者たち〕は、断続的にリン鉱石と石油の生産を中断させているが、彼らは、民主主義が周縁化に終止符を打っていないガフサ、カスリーン、タターウィーンなどの町における生活の中断に反対して、そうしているのである」（ＵＲＬ⑫）。

おわりに

フーコーによれば、誰しも権力から逃れることはできない。人は常に権力に加担しているゆえに、抵抗は無駄なものにおわる。だが、実際に権力を変化あるいは変容させる方法はあると彼は示唆する。その方法とは、権力を迂回するか、あるいは権力に対峙するハイブリッドな特性を獲得することである。ここで論じたチュニジアの事例の場合、既存の新自由主義的な変化に抵抗するには、抵抗勢力が政治的な特性と社会的特性の両方をもつことが不可欠であり、社会の異なる部分と階級の間を連帯させるリンクと政治的意志が最終的には求められる。リベラルな枠組みの中で政治的な変容を望む人びとは、それが権威主義的で腐敗したベン・アリー体制に対する蜂起をそもそもたらした、国内の既存の不平等を根絶する社会革命が不可欠であることを理解する必要がある。

アラブ革命に関するワークショップで筆者がフィールドワークの調査結果を出席者たちと議論した際、革命後の一九一七年のソビエト連邦でさえ、真の社会革命は完全には達成されなかったことに気づかされた。チュニジアにおいて革命以後の変革の真実性を探究することは、おそらく野心的すぎる問題設定なのであろう。例えば、アレクシエーヴィチは、著書『セカンドハンドの時代』の中で、ソ連の共産主義の終焉を論じ、現代のロシアとロシア人がどのように抑圧や恐怖、飢饉、虐殺の記憶だけでなく、自国の誇りや未来への希望、そして皆がソビエト時代にユートピアを築くために共に働き戦った信念を、いかにして伝えているのかを明らかにした(Alexievich 2017)。アレクシエーヴィチは、カール・ポランニーの転換概念をここでほとんどそのまま示している。それは、結局、既存の秩序に挑戦するすべての個人的あるいは集団的な決定を含めて、すべての選択が政治的であるということである。社会階級が違っても、政治的な意志があれば、より容易に円滑に団結することができる。そしてその団結により政治的な要求と社会的な要求を合流させることができ、革命への願望が生れるだろう。

進歩的で革命的な変動を常に人民の蜂起の結果だけに期待することは、ひたむき過ぎるかもしれない。真の革命的な変動が急進勢力から生じる場合もあるからである。例えば、サラフィー主義者は、上で述べたように、チュニジアの多数派が切望するものとは異なる独特の革命観を持つ。しかし、これは革命的諸過程の際立った側面である。我われは通常、革命に進歩的な意味を与える傾向がある。しかし、忘れてはならないのは、革命が、反動的な熱情や行動主体、勢力によって担われることもあり、それらも真の変化を求めることもあるということである。

参考文献

Alexievich, S.（2017）*Secondhand Time: The Last of the Soviets*, Random House.（松本妙子訳『セカンドハンドの時代――「赤い国」を生きた人びと』岩波書店、二〇一六年）

Ayeb, H.（2011）“Social and Political Geography of the Tunisian Revolution: the Alfa Grass Revolution,” *Review of African Political Economy*, 38(129).

Bates, Stephen R.（2010）“Re-structuring Power,” *Polity*, 42(3).

Bernauer, J.（1994）*Michel Foucault's Ecstatic Thinking*, in Barry Smart ed., *Michel Foucault: Critical Assessments*, Vol. 1, Routledge.

Dean, M.（2010）*Governmentality Power and Rule in Modern Society*, 2nd edition, Sage.

Ennahda（2011）For Freedom, Justice and Development in Tunisia, Election Manifesto.

Foucault, M.（2000）*Power: Essential Works of Foucault, 1954-1984*, Vol. 3, Free Press.

Foucault, M.（2009）*Security, Territory, Population: Lectures at the Collège de France 1977-1978*, Palgrave Macmillan.

Gallien, M.（2020）“Informal Institutions and the Regulation of Smuggling in North Africa,” *Perspective on Politics*, 18(2).

Gana, N.（2013）“Introduction,” in: N. Gana ed., *The Making of the Tunisian Revolution: Contexts, Architects,*

Prospects, Edinburgh University Press.

Gordner, Matt (2019) "Youth Politics in Tunisia: Comparing Land/Labor, Leftist Movements, and NGO-ized Elites," in *Youth Politics in the Middle East and North Africa* (POMEPS Studies 36), George Washington University.

Görmüş, E. and E. Akçalı (2020) "Variegated Forms of Embeddedness: Home-grown Neoliberal Authoritarianism in Tunisia under Ben Ali," *Journal of International Relations and Development*.

Hibou, B. (2011) *The Force of Obedience*, Polity Press.

Iosifides, T. (2011) *Qualitative Methods in Migration Studies: A Critical Realist Perspective*, Ashgate.

Krichen, A. (2016) *La Promesse du Printemps*, Script Éditions.

Kurki, M. (2011) "Governmentality and EU Democracy Promotion: The European Instrument for Democracy and Human Rights and the Construction of Democratic Civil Societies," *International Political Sociology*, 5(4).

Lazzarato, M. (2014) *Signs and Machines: Capitalism and the Production of Subjectivity*, Semiotext(e).（杉村昌昭・松田正貴訳『記号と機械——反資本主義新論』新装版、共和国、二〇一六年）

Lemke, T. (2001) "The Birth of Bio-politics: Michel Foucault's Lecture at the Collège de France on Neo-liberal Bovernmentality," *Economy and Society*, 30(2).

Malmvig, H. (2014) "Free Us from Power: Governmentality Counter-product, and Simulation in European Democracy and Reform Promotion in the Arab World," *International Political Sociology*, 8(3).

Odysseos, L. (2011) "Governing Dissent in the Central Kalahari Game Reserve: Development, Governmentality and Subjectification amongst Botswana's Bushmen," *Globalizations*, 8(4).

Patomäki, H. and T. Teivainen (2002) "Critical Responses to Neoliberal Globalisation in the Mercosur Region: Roads towards Cosmopolitan Democracy?" *Review of International Political Economy*, 9(1).

Povinelli, E. A. (2011) *Economies of Abandonment: Social Belonging and Endurance in Late Liberalism*, Duke University Press.

Prozorov, S. (2007) *Foucault, Freedom and Sovereignty*, Ashgate.

Rose, N. (1990) *Governing the Soul: The Shaping of the Private Self*, Routledge.

Tagma, H. M., E. Kalaycioglu, and E. Akcali (2013) "'Taming' Arab Social Movements: Exporting Neoliberal Governmentality," *Security Dialogue*, 44(5-6).

Torelli S., F. Merone, and F. Cavatorta (2012) "Salafism in Tunisia: Challenges and Opportunities for Democratization," *Middle East Policy*, 19(4).

UTICA (2012) *Vision Tunisie 2020—Des entreprises compétitives pour plus de croissance et plus d'emploi.*

Walters, W. (2012) *Governmentality: Critical Encounters*, Routledge.

Zarakol, A. (2011) *After Defeat: How the East Learned to Live with the West*, Cambridge University Press.

Zemni, S. (2014) "The Extraordinary Politics of the Tunisian Revolution: The Process of Constitution Making," *Mediterranean Politics*, 20(1).

URL

① https://www.jadaliyya.com/Details/24904/Global-Dimensions-of-the-Arab-Spring-and-the-Potential-for-Anti-Hegemonic-Politics（二〇二〇年七月二六日閲覧）

② https://www.theguardian.com/commentisfree/2014/oct/29/tunisian-election-result-secularism-islamism-nidaa-tounes-ennahda（二〇二〇年七月二五日閲覧）

③ https://www.opendemocracy.net/en/opensecurity/curious-case-of-tunisian-3000/（二〇二〇年七月二六日閲覧）

④ https://www.brookings.edu/wp-content/uploads/2016/06/Ennahda-Approach-Tunisia-Constitution-English.

pdf（二〇二〇年七月二五日閲覧）

⑤ https://nawaat.org/2013/06/14/quand-dire-la-tunisie-cest-la-faire-le-projet-de-constitution-est-il-revolutionnaire/（二〇二〇年三月二五日閲覧）

⑥ https://www.aljazeera.com/opinions/2014/12/13/why-tunisia-succeeded-where-egypt-failed（二〇二〇年七月二五日閲覧）

⑦ https://www.thenation.com/article/archive/tunisias-unfinished-revolution/（二〇二〇年七月二五日閲覧）

⑧ https://atalayar.com/en/content/tunisia-2010-2020-and-after-challenges-country（二〇二〇年三月二七日閲覧）

⑨ http://www.leaders.com.tn/article/13765-les-inegalites-regionales-vues-sous-l-angle-de-l-idr（二〇二〇年三月二五日閲覧）

⑩ https://orientxxi.info/magazine/la-decentralisation-remede-miracle-aux-disparites-regionales-en-tunisie,2220（二〇二〇年七月二六日閲覧）

⑪ http://www.fletcherforum.org/home/2018/10/14/the-role-of-decentralization-in-tunisias-transition-to-democracy（二〇二〇年七月二五日閲覧）

⑫ https://www.opendemocracy.net/en/north-africa-west-asia/tunisian-protesters-democracy-not-enough/?fbclid=IwAR1ACpTVFAzoF747-4zFGtBH87SmvWcJ8l957j0BWP3t6DbUIE1epkKRDWQ（二〇二〇年七月二六日閲覧）

第4章 「イラン危機」は誰にとってのどのような危機か
——通時的関係性の錯綜と境界——

松永泰行

はじめに

思いがけない「危機」の分析

社会的あるいは経済的に壊滅的な影響を与える重大な問題が起きると、当然ながら、政府がそれに対策を講じなくてはならなくなる。それが重大な事態であればあるほど、その政治問題化、つまり対策の様態やそれをめぐる論争への賛否の姿勢そのものが政治問題と化すことも少なくない。そのような場合に、起こった問題の原因を冷静に分析し、議論することは容易ではなくなる。その背景の一つとして、何を原因と推定あるいは確定するかによって、政策的な対応の種類、規模、方向性などが大きく変わってくるであろうことが挙げられる。しかし、問題が政治化することよりもさらに根本的な理由としては、直接的な引き金となった「出来事」だけでなく、より広い意味での「問題」が起こったことが、そもそも何あるいは誰の所為であるのかという議論、つまり責任論、が関わっていることがあるといえよう。

例えば、二〇〇八年九月の投資銀行リーマン・ブラザーズの破綻のゆえにリーマン・ショックの名でも知られる、アメリカ発の世界金融危機は、二〇〇七年以降にアメリカにおける住宅ローンの多大な不良債権化が引き起こした、サブプライム住宅ローン危機がその引き金になったことはよく知られている。その一方で、一部のアメリカの経済学者や経済史家が、一九三〇年代のアメリカの大恐慌(Great Depression)と二〇〇八年前後の大不況(Great Recession)のいずれの場合においても、新たな形態のローン(大恐慌の場合は住宅ローンと分割払い、大不況の場合は後述の住宅担保融資)の導入により民間債務が急激に増加した後に、深刻な景気後退が起こったと指摘しているにもかかわらず、何がこれらの大恐慌/大不況をもたらしたのか、またしたがってどのような対策が取られることが適切であったのかという問題について、学問的にも政策論的にもコンセンサスはなく、専門家の間で議論が続いているという(Mian and Sufi 2014: URL①)。しかし、困難さを伴うとはいえ、適切な因果的説明ができなければ、適切な対処ができないことも自明であろう。

本書の序章で述べたとおり、「グローバル関係学」シリーズが扱う主題は、見方を変えることによって初めて見えてくる思いがけない「グローバルな危機」であり、シリーズで目指すものは、それらに関する関係学的な説明である。さらに本書で採択した「グローバルな危機」に対する通時的関係性の錯綜を使った説明では、「危機」の思いがけなさを、異なる通時的関係性の状況依存的な錯綜に求めることも、既に述べた。

同様の観点から、二〇〇八年前後のアメリカにおける大不況の因果的背景を、データに基づき分析し直した興味深い研究がある。経済学者のアーティフ・ミアーンとアミール・スーフィーの一連の研究によると、アメリカの二〇〇八年前後の大不況の深淵は、貧富の差がもともと著しいアメリカにおける富裕層の富のさらなる拡大の結果、その余剰資産の運用を託された銀行が、それを生産的な投資に回す代わりに、必ずしも負債を抱える必要も余裕もなかった中間層に積極的な融資を行った結果として、引き起こされたものであるという。アメリカでは一九八〇年代以降、二重のローンに相当する住宅担保貸付《ホームエクイティローン》（ローン支払い中の住宅を担保に、自家用車や家電・家具などの耐久財の購入を可能とするローン）が拡大した。これはいわば持たざる者へさらなる負債を押し付ける仕組みであり、住宅価格が下落し資産価値が目減りすると、（家計に占める債務の割合がそもそも高い）持たざる者が債務不履行に陥り、担保としていた資産（住宅）を失い、さらには銀行の側も当初の融資（住宅ローン分）を回収できず金融危機（サブプライム住宅ローン危機）が起きた、という議論である（ＵＲＬ②：Mian and Sufi 2014）。言い換えると、富裕層の富を起点とする、金融セクターと市場を通じた民間債務の膨張という通時的関係性と、様々な外的要因の影響を受ける循環的な景気動向という別の通時的関係性が、状況依存的な形で錯綜した結果、大不況という思いがけない「出来事」を引き起こした、という議論である。

　この例においても明らかであるが、状況依存的に引き起こされた「危機」の分析を、いわゆる主要因果論（net-effect thinking）的に説明しようとすると、うまくいかなくなる。社会学者のチャールズ・レーギンが指摘するように、（重回帰分析を含む）従来型の定量的研究で用いられる、他の変数の影響を統制《コントロール》した上で、ある独立変数と説明対象としての帰結（従属変数）の共変関係を推定するという考え方は、主要原因と目される独立変数の効果を他の独立変数の影響を「差《ネ》し引《ッ》いた上で捕捉《ト》」することが可能であるという想定の上に立つものである。ところが、説明対象としての帰結が、複数の因果状況の組み合わせ(combination)の結果現れているものであれば、その想定自体が成立しないということになる(Ragin 2006)。レーギンが提唱する複合的思考(configurational thinking)は、順系列(sequence)の因果的効果や時間軸上の因果作用の要素を排除しているため、本書で提唱している通時的因果関係の状況依存的な錯綜に基づく説明の視座とは異なるものではあるが、主要因果論へのオルタナティブを提示している点では同様である。

さらに付言すると、本書序章で示唆した、思いがけない「危機」を複合的な現象であると考える視座は、政策論争の場合には、責任の所在を拡散させてしまうというデメリットがあるともいえよう。対照的に、主要因果論は、対象を一つに絞れるため、政策論的には対策も講じやすくなる(例えば、大不況の原因が弱体化した金融セクターにあるのであれば、その他の問題は無視して、ただ金融機関の破綻防止を図ればよいということになる)。しかしながら、主要因果論的な視座では、現実世界における「危機」的事象の背景にある複雑な因果の仕組みを適切に反映しえないということになれば、本書で提唱する視座に、政策論的な地平での意義も(付随的に)見出しうるといえる。

「コロナより危険」な危機

いわゆるイラン核合意(正式には「包括的共同作業計画」JCPOA)が、二〇一五年七月一四日にイランと主要六カ国(E3/EU+3、すなわち英仏独米中露、URL③)の間で結ばれて以降、イラン経済はマクロ経済指標において見るからに好転した。(1) 国内総生産(GDP)は、前年度比の成長率で二〇一六年に前年度のマイナス一〇・一%からプラス五・九%に転じ、二〇一七年もさらに三・六%の伸びを見せた。それが、トランプ政権下のアメリカが核合意から単独離脱をし、イラン(の中央銀行)およびイランと取引をする第三国(の金融機関)に対し制裁を再び科し、イラン産原油の輸出だけでなく、食料や工業的原材料を含むイランの輸出入に事実上の全面ストップをかけ始めた二〇一八年にはマイナス八・五%に転じた。続く二〇一九年もさらにマイナス五・八%と、後退傾向が継続する事態となった(2)。

イランの通貨であるリアルの価値も同時期に大幅な下落を経験することになった。リアルの価値は、対アメリカ・ドルとの為替レートにおいて、前アフマディーネジャード政権期(二〇〇五—二〇一三年)に国連安全保障理事会(以下、安保理)やEUから科された包括的な経済・金融制裁を外交交渉で解除に持ち込むとの公約でもって、大統領選挙で予想外の勝利を収め、ロウハーニー政権が誕生した二〇一三年以降、基本的に全く変動せず、極めて安定した状態にあった(例えば、ロウハーニーが大統領に就任した二〇一三年八月は一ドル=三万二〇〇〇リアル、再選を果たした二〇一七年五月は一ドル=三万七〇〇〇リアルであった)。

それが、トランプ大統領がイラン核合意からの離脱と経済制裁の復活を強く示唆した二〇一八年の一月以降、突如下落を始めた。一月初めに一ドル=四万三〇〇〇リアルであったものが、トランプ政権が正式に核合意離脱を表明した同年五月上旬には一ドル=六万七〇〇〇リアルに下がり、さらに七月末には当時史上最安値の一一万九〇〇〇リアルにまで下がってしまった。そこでロウハーニー大統領は中央銀行総裁を更迭し、後述する為替レート一本化の施策を棚上げし、イラン通貨のさらなる下落を阻止しようと試みた。

しかし通貨価値の下落は止まらず、九月下旬には一ドル＝一九万リアルにまで進行した。その後、新任の中央銀行総裁の施策の効果もあり、おおむね一〇万台の前半から一五万台の間で上下していたが、アメリカ大統領選挙の年である二〇二〇年に入ると、リアルの価値はまた下落を始め、六月中旬には再び一ドル＝二〇万リアルに迫るにいたった。六月下旬に史上初めての二〇万の大台を超えると、その後は止まらず一〇月初旬に今度は一ドル＝三〇万リアルを突破し、一〇月一八日に史上最安値となる一ドル＝三二万リアルを記録するにいたった。

これは、ロウハーニー大統領就任時のレートのまさに一〇倍であり、七年余りでイランの通貨価値が対ドル比で九割下落したことを意味していた。しかし、最も注目すべき点は、この驚くべき変化が二〇一八年五月のアメリカの核合意からの単独離脱以降の二年間で起こったという事実である。

このような国の通貨価値の国際的な下落が、庶民の生活に少なからぬ影響を与えたであろうことは容易に推測できる。当時、史上初の一ドル＝二〇万リアルの大台に迫っていた二〇二〇年六月中旬、イラン国内の独立系ニュースサイトに、「一ドル＝二〇万リアルは、コロナより危険！」と題された論説が掲載された。それを認めたジャーナリストの悲鳴に近い議論は、「政治家とテレビのコマーシャルの制作者たちは、庶民とは別世界に住んでいるようだ。国会では、核合意からイランも離脱すべきだ、いや離脱すべきでない、と絶え間ない議論が繰り返されている。その間、対ドル為替レートは着実に上がり続け、製造業や庶民の家計と暮らしを圧迫しているのに、あたかもそれらについての情報を持ち合わせていないかのように。私は、現下の情勢でコロナウイルスより危険なものがあるか思いを巡らせ、その答えに行きついた。コロナウイルスより危険なものがある。それは一ドル＝二〇万リアルである！　このウイルスは、マスクとソーシャル・ディスタンスでは対処不能なものだ」とのものであった（URL⑥）。

この為替レートをめぐる状況は、イランが直面する「危機」を象徴的に示すものであったにすぎないと、一見思えるかもしれない。無論、イランの庶民が現実的に日々直面していた最大の問題は、年率四〇％を超える生活必需品の高騰やそれらの欠乏、またその結果としての庶民の食卓（現地の用語ではソフレ《食事布》）の縮小の問題であった。

アメリカによる対イラン経済制裁の中核は金融制裁、すなわちイラン産の原料や製品の輸入だけでなく、イラン向けの物資の輸出を含めすべての商取引で必要となる、銀行を介した送金や決済にストップをかけるというものであった。アメリカの単独制裁は、アメリカ企業へイランとの取引を禁じるだけでなく、イランと取引を行う第三国やその金融機関に対してもアメリカ国内で制裁（つまり多額の追徴金）を科す二次制裁を含んでいた。アメリカから制裁を科され、最大の外貨獲得手段である原油の輸出をストップされても、八〇〇〇万人の人口を抱えるイランはなんらかの方途を使い、必需品の輸入を続け、国民経済を維持していかねばならないのは自明の現実であった。銀行決済ができなければ、現金を国境外へ持ち運び商取引を行うか、国際版の闇金融を通じて決済をするほかなかった。

強制手段としての国際的な経済制裁は、政治的な意図の下で経済合理性を欠く障壁と規制を、国境間に無理やり導入することに等しい。結果として、イラン国内で少なからず存在していた、不正・汚職、闇取引、レント・シーキングなどの社会慣行を大幅に悪化させるものであった[3]。一例を挙げると、二〇一八年の制裁復活後、イラン国内では鶏肉と卵の価格が高騰し、二〇二〇年になると首都テヘランの高級小売店ですら卵が品切れになる事態が起こった。その思いがけない理由は、鶏を含む家畜の（イラクや湾岸諸国など）近隣国への密輸だったといわれている。国内で販路に載せるより、闇に紛れて国境外に持ち出した方が、利益が上がるのだという。言い換えると、為替レートの問題は、食卓へ直結する問題を現実に引き起こしていた。

本章では、二〇一八年以降の経済制裁の復活により、また二〇二〇年初頭以降はコロナウイルスによる感染拡大の影響で、経済活動の大幅な縮小を余儀なくされているイラン社会において、庶民が直面した思いがけない「グローバルな危機」を、二〇一八年五月のイラン核合意からのアメリカの単独離脱と二〇二〇年のイラン通貨の歴史的下落の二つを手掛かりとする「出来事」とし、通時的関係性の状況依存的な錯綜の視座から分析を試みる。

一　異なる通時的関係性の錯綜としてのアメリカのイラン核合意からの単独離脱

アメリカのイラン核合意からの単独離脱は、それだけを眺めると奇異でもあり、また奇異でないともいえる。奇異であったのは、アメリカ自身が、二〇一三年からの二年間、その締結へ向けた交渉において、（歴史的な「宿敵」ともいえるイランの外相とアメリカの国務長官の間で複数ラウンドにわたる長時間の直接対話を行い、互いに相手からの譲歩を引き出しながら辛抱強く交渉を行ったことを含む）最も重要な役割を演じて締結に持ち込んだ合意であったこと。また、イラン核合意は、議会の批准を必要とする正式の条約ではないとはいえ、合意の直後に安保理が全会一致で決議(第二二三一号、URL⑦)を採択し、安保理自ら憲章第七章に基づき(すなわちその履行が全ての国連加盟国にとって義務となる形で)科していた対イラン制裁を解除するなど、多国間の国際合意としては、最大レベルの制度的な裏付けを伴う合意であったこと。言い換えると、憲章第七章に基づく安保理決議が必要となるような深刻な問題を、(一九九〇年から一九九一年のイラクによるクウェート侵攻・併合の事例とは異なり)粘り強い外交折衝を通じ、軍事力の行使にいたらない形で解決をした稀有な成功例として、いわばアメリカ外交の教科書に今後何十年にもわたり掲載されるかと思われた「歴史的偉業」(cf. Parsi 2017)から、あっさり離脱をしたという意味においては、奇異なものであった。

その一方で、二〇一六年大統領選挙期間中より、イラン核合意への反対を公言していたトランプ大統領が、国務長官、国防長官、安全保障担当補佐官ら側近の反対の結果、政権交代から一年半近く実現できなかったものの、最終的にその公約通りに二〇一八年五月に合意から離脱したという意味では、特段驚くべき点はないようにも思われるかもしれない。

しかし本章では、二〇一八年五月のアメリカのイラン核合意からの単独離脱をトランプ大統領やその政権の特異性に帰することはしない。つまり、重要な歴史的な出来事の背景を、そのような個別の大統領やその人物が率いる政権のユニークさに求める説明は、ここではあえてとらない。なぜならば、そのような説明は、「偉人史観(great man theory)」あるいは「標準型叙述(standard stories)」としてつとに批判されてきているものであり(Tilly 1999: 257-262)、まさに「グローバル関係学」シリーズが乗り越えることを目指している、主体を「主語」にする従来型の見方(酒井二〇二〇)に陥ることにほかならないからである。[4]

通時的関係性の錯綜との視座から、アメリカのイラン核合意からの離脱という「出来事」の思いがけなさを説明するためには、その「出来事」を引き起こす直接の引き金になった過程だけでなく、底流や背景として関係している複数の通時的関係性（「水流」）がいかに、そこ（「出来事」）において錯綜しているかどうかに着目する必要がある。

国際関係論の専門家の間で議論されてきている通り、独立以来、アメリカと世界との関係は、孤立主義と国際主義の間で、さらに国際主義の方向性の中でも、単独主義的な国際主義と多国間主義的な国際主義の間で、振り子が振れるように循環的に揺れ動いてきたといえる（例えばNye 2002: 154）。

これらの三つの方向性（あるいは傾向性）の間の違いは、ナイも指摘する通り、（相互に全く異質なものというより、より連続性のある）程度の違いの問題である。またそれが民意の間により多く存在する傾向性であるのか、あるいは政策エリート間において見られるものかという点でも違いが見られる（Nye 2002: 154）。仮に、理念型としての完全な孤立主義の立場の対極に、グローバルな公共財としての国際秩序の維持に最大限コミットする、真に協調的な多国間主義的国際主義の立場があると想定すると（cf. 滝田二〇〇三）、実際の歴史上のアメリカの歴代政権の立ち位置《ポジション》は、（一）孤立主義的な傾向を伴う国際主義（例えば国際連盟に加盟しなかった大戦間期）、（二）単独主義的な傾向が強い国際主義（例えば九・一一事件前後のG・W・ブッシュ政権期）、（三）同盟国と敵対国を峻別する相対的に閉鎖的な多国間主義的国際主義（例えば軍事・経済的な同盟関係を構築・強化した冷戦初期および末期）、（四）協調的な多国間主義的国際主義（例えば第二次大戦末期から直後のブレトン・ウッズ機関および国際連合の構築期や、冷戦終結直後期のG・H・W・ブッシュ政権期)の四つに分類することができる。本書の視座を用いると、これらの四つの違いは、それぞれの時代におけるアメリカの国内の政治・経済状況や、世界、とりわけ主要国との国際関係など、複数の関係する通時的関係性の錯綜の結果、これらの立ち位置において顕在化したものであると考えることができる。

これらの区別を踏まえて再度眺めてみると、二〇一八年のアメリカのイラン核合意からの単独離脱は、イランの「核問題」に対して、交渉に臨んだ全ての関係国(E3/EU+3)およびそれ以外の多くの国々がその恩恵を受けることができる形(すなわち合意内容が公共財としての側面を持つ形)での一定の解決策を見出し、それをまとめた合意(JCPOA)から、イランが忠実に合意を履行している中、残りの締結国(英仏独中露およびイラン)の反対を顧みず単独離脱をしたものであった。[5]言い換えると、アメリカは合意締結から合意離脱の間で、(四)の協調的な多国間主義的国際主義の立場から、(二)の単独主義的傾向が強い国際主義の立場へと軌道修正をした、と見ることができる。

これに関して、次の二つの点を指摘できる。一つは、このような取り組み姿勢の修正は、アメリカと世界の関係においては、(とりわけそれが政権交代の前後に起こることは)さほど珍しくはないこと。もう一つは、イラン核合意が国際社会にとって公共財(すなわち一旦供給されると、誰かが損をすることなしに皆が受益者となるという非競合性と非排除性が特徴の財)であった限りにおいて、それからアメリカが単独離脱をしたところで、合意の有益性には影響がなかったはずであった。

ところが、イラン核合意からのアメリカの単独離脱には、別の重要な側面が潜んでいた。上述の通り二〇一五年七月、イランと主要六カ国の間で核合意(JCPOA)が結ばれた五日後に、安保理は決議第二二三一号を採択し、安保理自らが科していた対イラン制裁を（イランの銀行に対する金融制裁を含め）全て解除した（URL⑦）。欧州理事会も、同様に自らが二〇一二年に科していた対イラン経済・金融制裁を全て解除した（URL⑧）。いずれの場合も、実際の制裁解除は（イランによる重水炉の無効化などの措置の国際原子力機関による確認を経た）二〇一六年一月の核合意の履行日まで待ったといえ、制裁解除の手続きは、それらを科していた決議自体の破棄あるいは改正によってなされた。

その一方で、イラン核合意の締結国の間ではアメリカだけが、核合意後の対イランおよびイラン関連金融制裁（二次制裁）の解除を、制裁を科していた国内の法規の破棄や改正ではなく、制裁の執行差し止め（waiver）という形で実施した（松永二〇一八：八）。これは、JCPOAの締結と安保理決議第二二三一号の採択を通じて、対イラン制裁解除の国際的な手続きについては抜かりなく進めたオバマ政権が、対イランおよびイラン関連二次制裁を科すことを国内的に大統領に義務づけていた国内法（二〇一二年国防権限法）の関連法規の改正手続きを行わなかったことを意味している。さらに同法は、この制裁執行差し止めについて一二〇日ごとにその継続を大統領が判断することを義務づけていた。二〇一八年にトランプ政権がイラン核合意から離脱をした際には、この国防権限法に基づき、対イラン金融制裁の執行差し止め継続の是非を判断する期限に合わせて、まず同年一月の期限に、JCPOAの締結国へ合意の再交渉の要求を出し、それが実現しない場合には、次回（五月）の期限に合わせて離脱をすると宣言をし、その通りに離脱をした(6)。言い換えると、イラン核合意から離脱をしたのはトランプ政権であったが、それを（国内手続き的に）可能にしていたのはオバマ政権であったということである(7)。

オバマ政権が対イラン金融制裁の解除を、国内法改正を通じて行っていなかったことは、更なる問題を生じさせた。トランプ政権が対イラン制裁の施行差し止めの非継続を通じて核合意からの単独離脱をした際に、それ自体がすなわち、多国間合意としてのJCPOAのイランに対する約束であった、JCPOA合意以前に科されていた経済・金融制裁の解除を反故にしてしまうことであった、ということである。またアメリカがJCPOA合意以前にイランに対して科していた金融制裁が、イランの中央銀行およびイランと取引をする第三国の金融機関に対し制裁を科す二次制裁であったため、アメリカの多国間合意からの離脱は、公共財としてのイラン核合意を完全に台無しにしてしまうこと（すなわち、イランだけでなく、世界のすべての国がイランと商取引をすることができなくなること）を意味していた。これは、アメリカの通貨であるドルを通じた決済がニューヨークの連邦銀行を経由せざるをえないこと、さらに世界の圧倒的大多数の金融機関や大企業がアメリカ市場における利害を有しており、アメリカが単独で科す二次制裁が極めて実効性の高いものになってしまうという、構造的な理由によるものである。

では、オバマ政権は、国際的にイラン核合意の交渉と締結にあれほど尽力をしたのであれば、イラン核合意の国内的な法的脆弱性に対して、なぜ十分な対処を行わなかったのであろうか。とりわけ、イラン核合意がオバマ政権の二期目の半ば以降（三年目）において実現したこと、さらに長年にわたり敵対関係にあった国々と対話をするとして登場したオバマ政権の姿勢が歴代政権の間で極めてユニークなものであったことを踏まえると、次期政権がイランに対してどのような姿勢を取ろうとも、主要六カ国の間での多国間合意であり、さらに安保理決議で裏付けまで行ったイラン核合意の国際的な公共財の側面が蔑ろにされないために、国内法的な仕組みをなぜ整備しなかったのであろうか。言い換えると、アメリカのイラン核合意からの単独離脱に関する最も奇異な部分は、トランプ政権の行動にではなく、このオバマ政権の不作為にある。

この疑問に答えるためには、第二次世界大戦後以降のアメリカとイラン王制との間の(一九五三年のCIAによる政権転覆を含む)親密かつ複雑な相互依存関係、さらにそれが一九七九年のイラン・イスラーム革命後に逆転し、複雑にこじれた対立関係がその後四〇年近く続いてきたという二国間関係の底流(通時的関係性)が、アメリカの社会、政界、経済界におけるさまざまな通時的関係性といかに錯綜し、それらの間において交互作用効果を生み出しているかについて検証をすることが必要となる(cf. Bill 1988)。それについては、本章では割愛せざるを得ないが、次のことだけはいうことができる。イランと対話をし、一定程度の譲歩をする用意があったオバマ政権ですら、イランとの対立関係がこの核合意ですべて解消するとは考えておらず、むしろイランの現体制に対して根本的に信頼感を持ち合わせていない点では、オバマ政権と他のアメリカの政権との違いはなかったということである。つまり、イランに対する信頼の薄さが、自らが科した過酷な対イラン金融制裁の枠組みを残存させながら退任することに問題を見出さなかったオバマ政権の姿勢に、顕われていたということができる。

言い換えると、オバマ政権は、国際的にはイラン核合意へ向けて交渉に傾注し、締結にこぎつけることができたが、それに関する国内的な合意(すなわち、イランとの関係をどうするのかについての合意)については全く手を付けることなしに、政権の終わりを迎えていた。この観点から眺め直すと、トランプ政権が行ったことは、国内的に合意がなかったイラン核合意という多国間合意から離脱をしただけであったといえる。

二　異なる通時的関係性の錯綜としてのイラン通貨の歴史的暴落

アメリカが核合意から単独離脱をしたことによる対イランおよびイランに関する金融制裁の復活は、上述の通り、二〇一八年から二〇二〇年にかけて、イラン社会を深刻な経済危機に陥れた。そのことは、マクロ指標だけを見ても、容易に見て取れた。イラン政府やイラン中央銀行が発表した公式の数値であるが、二〇一九年の成長率の内訳は前年度比で、農業は三％のプラス成長を見せたものの、鉱工業が一四・七％、原油・天然ガスの生産が三五％のそれぞれマイナス成長を記録し、さらに設備投資の減少（機械類の固定資産形成で一一・八％のマイナス成長）、失業率の悪化（若年層失業率二六％）、物価の高騰《インフレーション》（年率四一・二％）、家賃・光熱費の増加、貧困層の拡大などにおいて、経済状況の悪化の様子が見て取れた（URL⑨、⑩、⑪）。加えて、非都市部を襲う地域間格差の拡大や、都市部においても中間層の生活の質への影響（例えば、食卓に肉類が出る頻度が大幅に減っている様子など）が、頻繁に報道されるようになった。

このような経済的な苦境について、イラン政府は、ひとえにアメリカのトランプ政権による金融制裁が、イランの主要な外貨獲得手段である原油などの輸出を妨げ、医薬品を含む必需品の輸入にかかるコストを増加させていることに原因があるとしていた。上述の通り、前回のオバマ政権が科していた同様に厳しい金融制裁を外交折衝で全面解除に持ち込んだロウハーニー大統領は、テレビ放映される毎週の閣議の冒頭の演説で、厳しい言葉でトランプ政権に対する批判を繰り返し、アメリカが核合意から離脱していなければ、イラン経済は高成長を続けていたとして、その責めをひとえにアメリカの同政権の政策(「最大限の圧力《マキシマムプレッシャー》」政策)に帰す姿勢を貫いていた。

その一方で、イラン国内には、核プログラムへの制限と引き換えに制裁解除とその成果を手に入れる(すなわち、一定の妥協をしながら西側諸国との関係修復を軸にイラン経済の回復と成長を目指す)という、ロウハーニー大統領の戦略自体を強く批判する勢力が存在する。イスラーム革命体制の原則に忠実な勢力(オスールギャラヤーン、文字通りには「原則主義派」)と自ら称するこれらの政治的な強硬派は、アメリカとの対話や交渉に元来懐疑的であるハーメネイー最高指導者(国家元首)を領袖と仰ぎ、ロウハーニー政権の失策(「西側頼み」)が問題の根本であるとの論陣を張っていた。イランは、オバマ政権期の前回の経済制裁の時期を含め、過去十余年にわたり中国との経済関係を密にしているため、二〇二〇年初めより、中東地域においてはいち早くコロナウイルスの感染拡大を経験した。政府が感染拡大の事実を認め、対策を講じ始める前に駆け込み的に実施された、二〇二〇年二月の国会選挙で圧勝し、議長職を含め、国会内で多数派を占めているのが、そのような強硬派(「原則忠実派」)である。

これらの強硬派が、「穏健派」のロウハーニー政権の失政を責めるのには、多分にポリティクスが含まれているが、その具体的な批判を検証してみると、二〇一八年から二〇二〇年にかけてのイラン通貨の下落が、ロウハーニー大統領の主張とは異なり、複数の通時的関係性の思いがけない錯綜によって引き起こされていたことがわかる。

ロウハーニー大統領に批判的な強硬派の新聞『ケイハーン』によれば、ロウハーニー政権の第一期の間、リアルの価値が安定していたのには特別の理由があったという。核合意の交渉中に物価の高騰が進むのを恐れたロウハーニー大統領は、中央銀行を通じた量的緩和政策(リアルの増刷)と銀行預金の利子率を三二%に維持することで、景気停滞を意図的に進めていた。さらに、二〇一七年五月の再選を賭けた大統領選挙の直前の数カ月については、中央銀行総裁へ文書で指示を出し、対ドル為替レートが三万八〇〇〇リアルを絶対に超えないように、市場介入することを求めていた。中央銀行は後者の目的を達成するために、日々およそ五〇〇〇万ドルの現金をテヘラン市内外の二五〇の両替商に毎朝配達をし、日量の放出上限や対象に関する通常の規定を無視する形で、結局二〇一七年度末までに一八〇億ドルの現金を為替レートの安定のために市場に注入したという(URL⑫、⑬)。

その一方で、二〇一八年に入りリアルの価値が下落を始めたのは、当時の中央銀行総裁のヴァリーオッラー・セイフがこの介入から手を引き、対ドル為替レートを実勢レートへ移行しようと試みた結果であったという。そのために、セイフは最高指導者へ中央銀行の中立性の確保の必要性を進言し、またドル現金の放出による市中介入からの撤退の方策を政府内で議論を始めた。ところが、それにロウハーニー大統領が専門家の意見を無視する形で介入し、状況を悪化させたのだという。結局、二〇一八年四月に発表されたときには、新機軸の為替レート(一ドル=四万二〇〇〇リアルで固定)では市場の安定には効果はなく、上述のようなリアルの暴落を招き、中央銀行総裁の解任につながった(URL⑭)。

アメリカによるイラン核合意からの離脱と時を同じくする二〇一八年以降のイラン通貨の歴史的暴

落という出来事は、イラン政府の公的なナラティブにもかかわらず、ロウハーニー政権の経済政策、その目的での中央銀行の中立性への政治介入、大統領選挙をめぐる政治的駆け引きや相対する政治勢力間の確執など、国内のさまざまな通時的関係性の錯綜と交互作用効果が、対イラン金融制裁の水流という大きな世界的な通時的関係性と相互に影響を与え合いながら、引き起こしたものであった。

おわりに

冒頭で検証した二〇〇八年前後の世界大不況が、アメリカの富裕層の富を起点とし、新自由主義的合理性が内的動因となる通時的関係性が市場を介して生み出した、意図せざる結末の一つであるとすると、アメリカのイラン核合意からの離脱が引き起こしたイラン社会が直面する経済危機、またそれと同時期に別の通時的関係性の錯綜が生み出したイラン国内における通貨価値の歴史的暴落は、どちらも、より直接的に、政治的意図の下で始められた通時的関係性が生み出した「グローバルな危機」であるといえる。

そもそも二〇一五年のイラン核合意(「出来事」)において錯綜した複数の通時的関係性の別名である、「グローバルな危機」としてのイランの「核プログラム」に関する問題も、アメリカやイスラエルなどのイランと敵対する周辺国の側の論理と、それに対抗するイラン側の論理の間に、問題の性格や原因に関する理解において大きな隔たりが存在している。対イランおよびイラン関連の金融・経済制裁を科す側は、安全保障上の脅威(イランの「核兵器保有」の可能性)を防ぐ手段としてそれらへ訴えていると主張し、制裁を科されているイラン国家側は、制裁措置の不義性やそれらの抑圧の手段としての側面を強調する。どちらの側においても、それらの論理や理解の周りにさまざまな通時的な関係性(水流)が錯綜しあい、交互作用効果を生み出しながら、「危機」の動因と化している。

本書が採択している、通時的関係性の状況依存的な錯綜という視座を用い、思いがけなく引き起こされている「グローバルな危機」を分析するという視点から眺めると、それらの動態に加えて、制裁を科す側と制裁の対象としてのイラン国家のそれぞれの側の動態が対決をする「境界」において、イラン庶民が思いがけない「危機」に瀕していることが、とりわけ明らかになる。「一ドル＝二〇万リアルは、コロナより危険！」という悲鳴は、間に挟まれて苦慮している庶民の、政治的なゲーム(駆け引き)をしている場合ではない、との切実な声を代弁したものであった。

注

(1) イラン核合意では、国連安全保障理事会と欧州連合理事会がイランの核プログラムに関連して科していた全ての制裁を解除することと引き換えに、イラン側がウラン濃縮活動の範囲とレベル、ウラン濃縮施設の能力と所在地、濃縮済みウランの在庫量と構成についての制限を受け入れ、アラークの核燃料炉のタイプを重水炉から軽水炉へ変更し、さらに核不拡散条約(NPT)の保護措置協定の批准を行うことが合意された。

(2) イラン中央銀行が発表した統計値(イラン暦二〇一一年度を基準とした実質GDP、URL④)より筆者が計算した。別計算の世界銀行の統計値(URL⑤)も同じトレンドを示している。

(3) レント・シーキング(rent-seeking)とは、公的制度の枠組み内で特別扱いや金銭的利益を求める行動を指す。競争が最適な結果を導くと考えられているのと対照的に、レント・シーキングは、厳密には違法でなくとも、無駄や最適でない結果を導くとされる(cf. Lambsdorff 2002)。

(4) 無論、決断の前後の短期的過程に焦点を当てる外交政策意思決定論においては、大統領個人の選好やその政策的助言者サークルとの関係性に着目した説明が一定程度有効であることは否めない。例えば、二〇一五年七月のイラン核合意の締結自体を、アメリカにおいてオバマ政権、さらにイランにおいてロウハーニー政権という、双方においてそれぞれユニークでかけがえのない政権が存在していたことを考慮に入れずに説明しようとすることは得策ではない。本章では、これらを踏まえた上で、通時的な関係性の錯綜という説明法の有効性を示すことを目指している。

(5) より正確には、イスラエル、サウジアラビア、バハレーン、アラブ首長国連邦の四カ国は、当初より合意に反対していたため、これらを除く国際社会の大部分にとっては、公共財と見なしうる形において、ということ。

(6) トランプ大統領の要求には、JCPOAの自動消滅期限(サンセット)条項の破棄や、イランの弾道ミサイル開発など、オバマ政権が合意に至るためにあえて合意に含めなかった案件についてのものが含まれていた(松永二〇一八参照)。

(7) もちろん、大統領令で、対イランおよびイラン関連二次制裁を科すことも可能ではあるが、二〇一二年国防権限法の仕組みが残存していなければ、トランプ政権によるイラン核合意からの離脱は、イラン中央銀行に対する制裁とイランと取引をする第三国の金融機関に対する二次制裁の、直接かつ自動的な復活には必ずしも繋がらなかったであろうということ。

参考文献

酒井啓子(二〇二〇)「グローバル関係学はなぜ必要なのか——概説」、酒井啓子編『グローバル関係学とは何か　グローバル関係学　第1巻』岩波書店

滝田賢治(二〇〇三)「多国間主義の再定義とアメリカ外交——協調主義と単独主義の相克」『国際政治』第一三三号

松永泰行(二〇一八)「トランプ政権とイラン核合意の行方——米国単独離脱とその影響」『国際問題』第六七一号

Bill, James A. (1988) *The Eagle and the Lion: The Tragedy of American-Iranian Relations*, Yale University Press.

Lambsdorff, Johann Graf (2002) "Corruption and Rent-Seeking," *Public Choice*, 113(1-2).

Mian, Atif and Amir Sufi (2014) *House of Debt: How They (and You) Caused the Great Recession, and How We Can Prevent It from Happening Again*, University of Chicago Press.（岩本千晴訳『ハウス・オブ・デット』東洋経済新報社、二〇一五年）

Nye, Joseph S., Jr. (2002) *The Paradox of American Power: Why the World's Only Superpower Can't Go It Alone*, Oxford University Press.（山岡洋一訳『アメリカへの警告——二一世紀国際政治のパワー・ゲーム』日本経済新聞社、二〇〇二年）

Parsi, Trita (2017) *Losing an Enemy: Obama, Iran, and the Triumph of Diplomacy*, Yale University Press.

Ragin, Charles C. (2006) "The Limitations of Net-Effects Thinking," in Benoît Rihoux and Heike Grimm eds., *Innovative Comparative Methods for Policy Analysis: Beyond the Quantitative-Qualitative Divide*, Springer.

Tilly, Charles (1999) "The Trouble with Stories," in Ronald Aminzade and Bernice Pescosolido eds., *The Social Worlds of Higher Education: Handbook for Teaching in a New Century*, Pine Forge Press.

URL

① https://www.ft.com/content/3ec604c0-ec96-11e3-8963-00144feabdc0（二〇二〇年六月二七日閲覧）

② https://www.npr.org/2020/06/15/877401074/buy-borrow-steal-how-debt-became-the-sugar-rush-solution-to-our-economic-woes（二〇二〇年六月二七日閲覧）

③ https://www.europarl.europa.eu/cmsdata/122460/full-text-of-the-iran-nuclear-deal.pdf（二〇二〇年一一月二九日閲覧）

④ https://www.cbi.ir/page/16410.aspx（二〇二〇年一一月二九日閲覧）

⑤ https://data.worldbank.org/indicator/NY.GDP.MKTP.KD.ZG?locations=IR（二〇二〇年一二月二九日閲覧）

⑥ https://www.asriran.com/fa/news/734359/（二〇二〇年六月二三日閲覧）

⑦ http://undocs.org/S/RES/2231(2015)（二〇二〇年一二月二九日閲覧）

⑧ https://eur-lex.europa.eu/legal-content/en/ALL/?uri=CELEX%3A32015R1862（二〇二〇年一二月二九日閲覧）

⑨ https://www.hamshahrionline.ir/news/528512/（二〇二〇年七月一四日閲覧）

⑩ https://www.tasnimnews.com/fa/news/1399/02/14/2255996/（二〇二〇年七月一四日閲覧）

⑪ https://www.tasnimnews.com/fa/news/1399/01/19/2238407/（二〇二〇年七月一四日閲覧）

⑫ http://kayhan.ir/fa/news/193093（二〇二〇年七月一四日閲覧）

⑬ http://kayhan.ir/fa/news/172920（二〇二〇年八月二七日閲覧）

⑭ http://kayhan.ir/fa/news/192268（二〇二〇年八月二三日閲覧）

II

危機の背景と通時的関係性

第5章 対クルド政策
——トルコ国家とクルド問題の変容——

岩坂将充

はじめに

トルコのほか、シリア、イラク、イランなどにまたがって居住するクルド人(Kurd)は、トルコでは南東部・東部やイスタンブル、アンカラなどの大都市を中心に現在約一五〇〇万人が生活しており、トルコ総人口の二〇%程度を占めていると考えられている。トルコの歴代政権にとって、国内の少数民族である彼らの権利拡大や分離独立の要求をめぐる動きは懸案であり続けてきたが、とりわけ、ときに民間人もターゲットとした武装闘争をとおしてこれらの要求を実現しようとするクルディスタン労働者党(Partiya Karkerên Kurdistanê：PKK)の存在は、彼らの活動が活発化した一九八〇年代以降、トルコの政治・経済・社会のあらゆる側面において大きな影響を与えてきた。

グローバル・テロリズム・データベース(Global Terrorism Database)によると、トルコでのPKKによるものと思われるテロ事件の数(死傷者がいないものも含む)の推移は、一九八三—二〇一八年におい

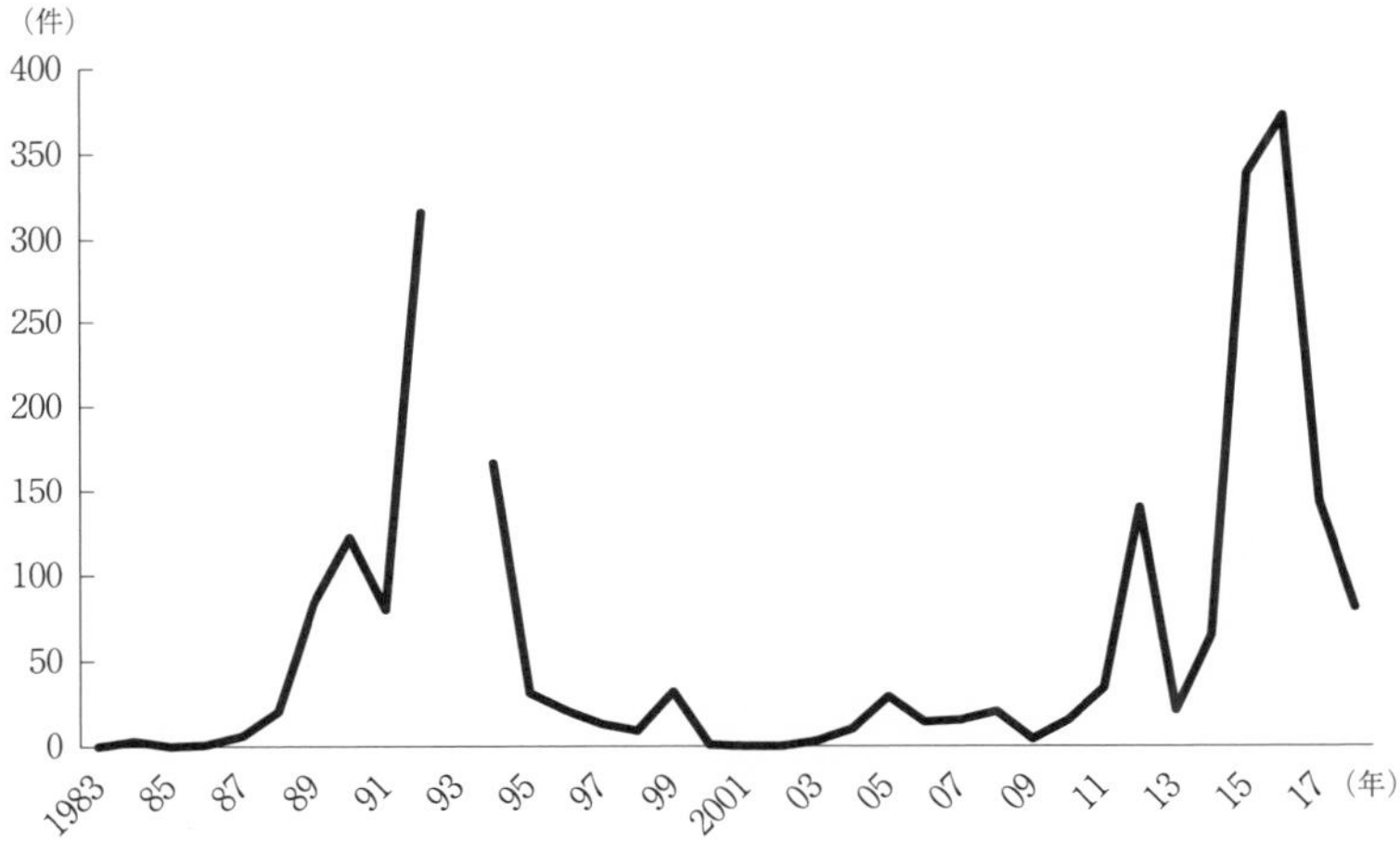

注 1） 1993 年については同データベース上では数値が存在しないが，5 月に治安部隊・民間人ら 40 名近くが死亡した事件などが知られており，事件数の傾向に大きな変化はないと考えられる．

注 2） PKK 以外の組織が実行した可能性が高い事件についても，関与の疑いがある場合には数値に含まれる．たとえば，2015 年 10 月にアンカラで 105 名が死亡，245 名が負傷した事件は IS の関与が濃厚であると発表されているが，同データベースでは PKK が関与した可能性も指摘され，数値に含まれている．

出所） *Global Terrorism Database*（URL①）より筆者作成．

図 5-1 トルコでの PKK によると思われるテロ事件数の推移（1983-2018 年）

ては二つの大きな山が特徴となっている（図5-1）。一つは、PKKが指導者オジャランのもとで武装闘争を本格化させた一九八〇－九〇年代であり、もう一つは二〇一五－一七年である。「第一の山」は、一九九九年にオジャランが国家情報機構（Milli İstihbarat Teşkilâtı：MİT）によって身柄を拘束された頃に終息した。オジャランは同年に死刑判決を受けたものの、トルコがEU加盟に向けた法改革で死刑を廃止したことから、二〇〇二年に終身刑へと変更された。この時期に、オジャランは従来のマルクス・レーニン主義と分離独立要求を放棄しており、PK

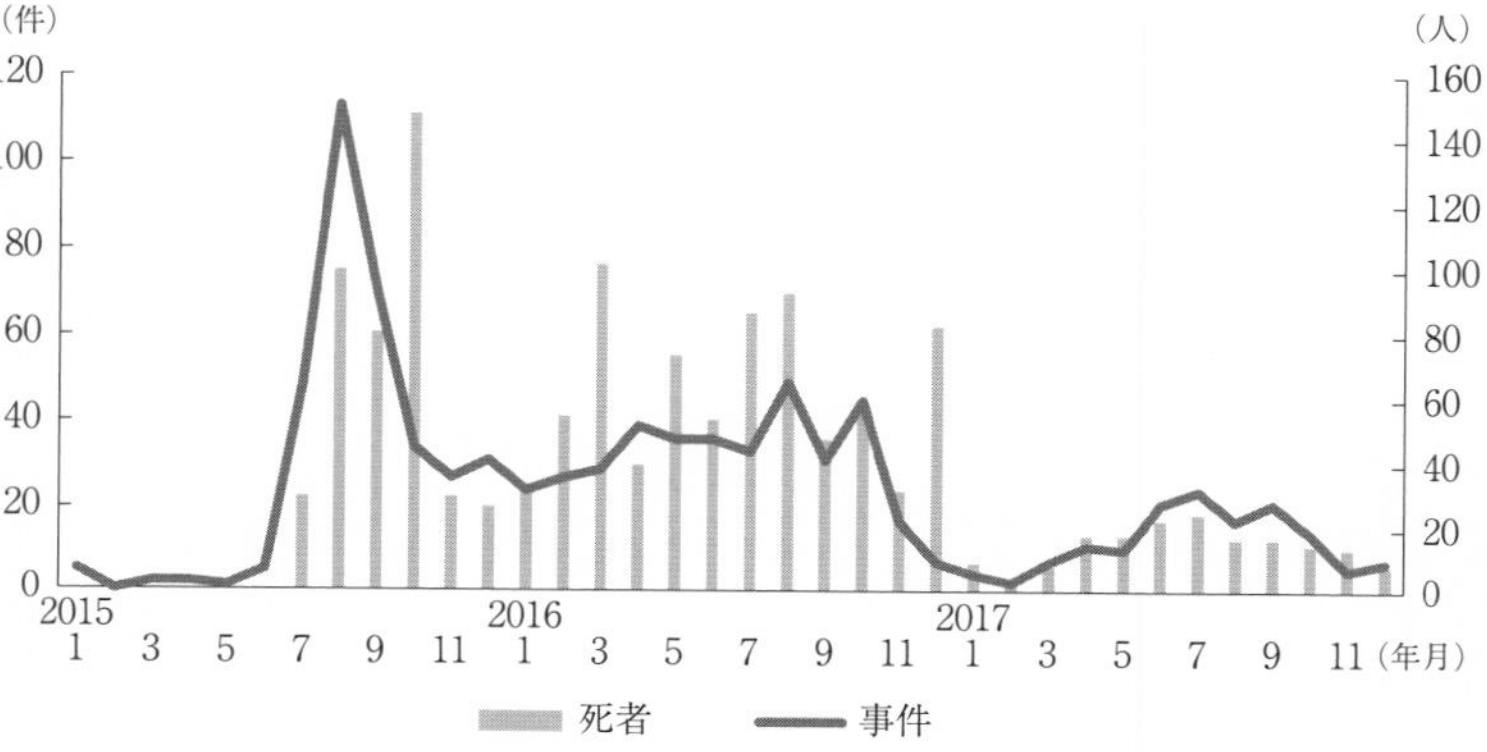

出所) *Global Terrorism Database*(URL①)より筆者作成.

図 5-2 トルコでのPKKによると思われるテロ事件数の推移(月別)および事件における死者数(2015年1月-2017年12月)

Kは自治権の獲得へと目標を転換、二〇〇四年まで停戦を維持した。「第二の山」は、二〇〇四年のPKKの停戦破棄、二〇一三年の再停戦とオジャランを交えた和平交渉(後述)ののち、二〇一五年七月末の再度の停戦破棄と武装闘争再開によってテロ事件が急速に増加したことで現れたものである。二〇一五―一七年の月別のテロ事件数および死者数をみると、事件数は二〇一五年七―一〇月に、死者数は二〇一五年半ば―一六年末にきわだって多いことがわかる(図5-2)。

「第二の山」にみられるこうした急激なPKKの再活発化、あるいはその直前の停戦破棄という出来事はなぜ生じたのだろうか。PKKをはじめクルド人をめぐる政治的・社会的諸問題――本章ではクルド問題と呼ぶ――は、トルコ国内の問題であると同時にクルド人の居住地域やその周辺諸国を巻き込むものであり、そこでは国家機構・政府・政党・組織・個人などさまざまな主体が連動することで和平や暴力が展開されてきた。さらに「第二の山」以降、クルド問題が暴力を軸に固定化され新たな段階に突入した状況をかんがみると、この問いに答えるためには従来とは異なる、複数のレベル・規模に注目した分析が必要であるといえる。

そこで本章では、ＰＫＫの武装闘争再開を複数の過程の錯綜点としてとらえることで、これがなぜ生じたのかを明らかにしたい。ここで考察する複数の過程とは、すなわち①政治構造の変化過程、②地域情勢の変化過程、そして③国内政治の変化過程である。本章は、これらの三つの過程が二〇一五年に「錯綜」したことが、ＰＫＫの急激な再活性化と「第二の山」を導いたと結論づけるものである。また、以降各節で述べるように、三つの過程はそれぞれ①背景要因、②中間要因、③直接要因であるとともに、①長期的、②中期的、③短期的に「錯綜」に関与したと考えられる。

まず次節では、エルドアン（二〇〇三年三月―二〇一四年八月首相、以降大統領）が率いる公正発展党（Adalet ve Kalkınma Partisi: AKP）単独政権の誕生と、ＡＫＰ政権下で生じたトルコの政治構造の変容について分析し、それによってもたらされたクルド勢力へのアプローチの変化について論じる。つづく第二節では、二〇一一年頃から生じた重大な地域情勢の変化としてのシリア紛争をとりあげ、それがクルド勢力の動向やＡＫＰ政権の対クルド政策に与えた影響について考察する。第三節では、国内政治要因として二〇一五年六月および一一月の総選挙をめぐる状況について分析をおこない、トルコの政治状況とＰＫＫをはじめとするクルド勢力との相互作用を明らかにしつつ、最後にこれら三つの要因の錯綜点としてのＡＫＰ政権による対ＰＫＫ和平交渉の打ち切りとＰＫＫの武装闘争再開を論じるものとする。

一　ＡＫＰ政権「一強」状態の確立と対クルド政策

ＡＫＰ政権成立前後での対クルド政策の変化

ＰＫＫは一九七八年の設立以降、長らくクルド人の居住地域・クルディスタン（Kurdistan）での国家建設とトルコからの分離独立を掲げて活動してきた。ＰＫＫは一九八〇年代から武装闘争を開始したが、トルコ政府はこれに大規模な軍事作戦によって対応した。軍事作戦ではＰＫＫを壊滅させるにいたらなかったが、オジャランを拘束しマルマラ海のイムラル島刑務所（İmralı adası cezavi）に収監するなどの成果をあげた。こうした軍事力を中心とした対クルド政策は、二〇〇二年総選挙でＡＫＰが単独政権の座に就いたことで、大きな変化を迎えることとなった。その変化は、選挙での連続勝利を背景にＡＫＰが実現したトルコの政治構造の変容と、政党政治内外でのＡＫＰ自身のいわゆる「一強」状態の確立によってもたらされた。

トルコにおける政治構造の変容は、トルコが一九九九年にＥＵ加盟候補国となり、加盟交渉開始に向けた法制度改革を実施する段階から生じていった。もっとも重要な変化は、軍の政治的影響力を制度的に退けることに成功した点である（岩坂二〇一四）。これによって、安全保障を中心にさまざまな政策が、軍ではなく文民政権の主導のもと策定・実施されるようになった。

このような変化をうけて、対クルド政策もこれまでとは異なるかたちで実施されていった。二〇〇三年にはクルド語に関する教育の制限が撤廃され、翌年には国営放送でのクルド語放送が開始された。

また、ＥＵ加盟交渉開始後の二〇〇六年には、クルド語のテレビ局・ラジオ局の開局が認可された。これらの成果は、他分野における改革や経済成長の達成とともに国民に好印象を与えることとなり、二〇〇七年総選挙においてＡＫＰはさらに多くの票を獲得したうえで、引き続き単独政権を担うこととなった。

ＰＫＫとの秘密交渉であるいわゆるオスロ・プロセスも、ちょうどこの頃に開始されたといわれている。これは、二〇一一年九月にインターネット上にリークされたことでその存在が明らかになったものであるが、トルコ政府側としてのちにＭＩＴ長官となったフィダンも参加しており、トルコ政府とＰＫＫ関係者との直接交渉という点できわめて重要な試みであった。オスロ・プロセスの過程においては、二〇〇九年一〇月にイラク北部からのＰＫＫメンバーの再入国がおこなわれるなど、交渉だけでなく具体的な行動にも移されていたことがわかっている。

ただし、こうした対クルド政策は、この時点ではかならずしも多くの支持を得ていたわけではなかった。オスロ・プロセスの存在が明らかとなった際には、共和国首席検事はフィダンら政府関係者について反逆罪での逮捕を請求しており、国家機関内での不一致が露呈することとなった。これに対しＡＫＰ政権は当該プロセスを守るためきわめて迅速に法整備をおこない、二〇一二年二月には「国家・情報任務および国家情報機構法（Devlet, İstihbarat Hizmetleri ve Millî İstihbarat Teşkilatı Kanunu）」（法律第二九三七号、一九八三年）第二六条を改定することで、以降こうした捜査には首相の許可が必要となった（*Milliyet*, 18 February 2012）。

ＡＫＰ「一強」状態の確立と「民主的開放」

これと前後するかたちで、ＡＫＰ政権は政党政治外の二つの出来事をとおして「一強」状態を確かなものにしていった。一つ目は、ＡＫＰ閉鎖を求める裁判において、二〇〇八年七月に憲法裁判所が訴えを退けたこと、そして二つ目は、過去のクーデタ計画に対する捜査により、元参謀総長を含む多くの軍関係者が逮捕・起訴されたことである。これらは、ＡＫＰ政権の正統性を認めると同時に、国民のあいだでの軍の評価の低下をもたらした。また二〇一一年七月には、勾留中の将校らの扱いをめぐってＡＫＰ政権と対立した参謀総長および陸・海・空軍司令官が辞任し、ＡＫＰ政権と良好な関係にあったオゼル大将が翌月に参謀総長に就任したことで、トルコにおける軍の周縁化は決定的なものとなった。

このように、ＡＫＰ政権の「一強」状態が政党以外の主要な勢力とのあいだにおいても固められていったことで、ＡＫＰ政権は「民主的開放(demokratik açılım)」と呼ばれる国内マイノリティ環境の民主化・人権拡充方針を提示し、対クルド政策において重要な一歩を踏み出した。従来とは異なり、トルコ社会の多様性を認めマイノリティの状況改善を目指すとされた方針は、当初は各方面から好意的に受け取られた。

対クルド政策としての「民主的開放」は、二〇〇九年半ば頃から開始された。「民主的開放」に着手するにあたって当時のギュル大統領は「トルコ最大の問題はクルド問題である」、「〔問題解決の〕機会を逃すべきではない」と述べ(*Milliyet*, 11 May 2009)、大統領としてクルド問題の存在とその解決を宣言した。またエルドアン首相も、ＡＫＰ会派会議において所属議員らに軍事作戦の終結と和平の実現を訴えた(*Hürriyet*, 12 August 2009)。責任者としてアタライ内相が指名され、一一月には欧州人権条約への適合が目標として掲げられた。

「民主的開放」は、多くの有権者にはＡＫＰ政権の実績として肯定的に評価された。二〇一一年総選挙において、ＡＫＰが四九・八%というきわめて高い得票率を獲得し、「一強」状態をさらに強固なものとしたことはそのひとつの証左といえる。選挙や国民投票などで可視化される国民の支持は、ＡＫＰ政権にとって権力と正統性の最大の源となっていた。これはまた、政党政治内外でもＡＫＰを牽制できる勢力が不在となったことも意味しており、この状態の維持を目指してＡＫＰ政権にはこれまで以上に選挙至上主義的な傾向がみられるようになった。そしてこれは、その後の対クルド政策の重要な背景として、二〇一五年の「錯綜」に長期的に関与していったのである。

二 「解決プロセス」とシリア紛争

「解決プロセス」と国民的支持の拡大

二〇一一年総選挙で圧勝したＡＫＰの次の目標は、二〇一四年八月に予定されたトルコ史上初の国民の直接選挙による大統領選挙での勝利であり、さらにはエルドアンが構想する大統領制の導入に向けた改憲の実現であった。ＡＫＰは、そのためにもこれまで以上に広範な支持が不可欠となり、比較的安定した地域情勢のもとで支持獲得のための政策を実施する必要があった。

さらなる支持と議席の獲得において、トルコ国内のクルド人はＡＫＰにとって取り込みを進めるべき層であった。二〇一〇年三月以降継続的に実施された調査によると、クルド人の選好としては、ＡＫＰが平均五〇％程度、次いで当時クルド系政党（本章ではクルド人に基盤を持つ政党を指す）として認知されていた平和民主党（Barış ve Demokrasi Partisi：BDP）が平均三五％程度となっていた（KONDA 2011：19）。ＡＫＰがクルド人からも支持を得ていたのは、ＢＤＰなどの有力なクルド系政党は世俗主義的傾向が強く、親イスラーム的傾向を持つクルド人たちはＡＫＰを第一の選択肢としていたためである(1)。しかしこれは絶対的な差ではなく、ＡＫＰとＢＤＰはクルド人票をめぐって強いライバル関係にあった。

そのため、この時期のＡＫＰ政権による対クルド政策は、オスロ・プロセスとは逆にその存在を国民にアピールするかたちでの和平交渉を中心にすすめられた。「解決プロセス（çözüm süreci）」と呼ばれるこの対クルド政策は、イムラル島に収監されたオジャランとＭＩＴとの協議を出発点とし、二〇一二年末頃からはＢＤＰ議員がイムラル島でオジャランと面会を重ねていった。

この「解決プロセス」の最大の成果が、二〇一三年三月下旬に公開されたオジャランの声明である。これは、クルド人が多く居住する南東部の中心都市ディヤルバクルで開かれたノウルーズ(2)の集会において、ＢＤＰ議員によってクルド語とトルコ語で読み上げられた。オジャランは声明において「［ＰＫＫの］武装闘争の時代は終わり、民主政治への扉が開いている」、「国境の外に我々の武装集団を撤退させる段階に到達した」と述べ、武装闘争の放棄を宣言した（*Radikal*, 21 March 2013）。この声明は、直後に国営テレビ放送でエルドアン首相の肯定的な反応が放映されたことからも明らかなように、ＡＫＰ政権が進めてきた「解決プロセス」での交渉が具体化したものであるといえるだろう。

またＡＫＰ政権は、オジャランの声明を受けるかたちで和平に向けた具体的な施策を実施した。二〇一三年四月には六三名の専門家・著名人らを招集し賢人会議（Akil İnsanlar Heyeti）が設置され、地域ごとに国民の政策理解の促進と国民の要求の把握のため活動を開始した。また同年九月の法改定では、クルド語による教育を実施する私立学校の設立や、トルコ語化された村のクルド語名の回復、クルド語での政治キャンペーンの自由などが認められた（Gunter 2017）。

これらの目に見える成果は、国民の支持を広く集めることとなった。二〇〇九年時点でＡＫＰ政権の対ＰＫＫ政策を支持する人々は、トルコ人で四二・七％、クルド人で七五・七％という割合であったが、二〇一四年にはそれぞれ五七％と八三％にまで上昇した（Yılmaz 2014）。賢人会議のあるメンバーは、「解決プロセス」が人々の支持を獲得しており、その背景にはエルドアンやオジャランのカリスマ的な指導力があると指摘している（Arıboğan 2013）。また、賢人会議のレポートでは、ＰＫＫとトルコ治安部隊とのあいだの武力衝突によって直接影響を受けてきた人々から、和平交渉への強力な支持がみられるとの指摘もなされた（Kaya 2014）。

シリア紛争と「解決プロセス」への暗雲

このような「解決プロセス」の状況を一変させたのが、隣国シリアの情勢である。二〇一一年頃から生じたシリア紛争は、当初イスラーム国（ＩＳ）の台頭が注目されたが、この頃からシリアのクルド人組織・民主統一党（Partiya Yekîtiya Demokrat：PYD）が勢力を拡大し、シリア北部の実効支配地域を広げていた。ＰＹＤは、ＰＫＫが一九九八年にシリアから追放されたのちの二〇〇三年に設立された組織で、PKKとともにクルディスタン社会連合(Koma Civakên Kurdistan)に属し、PKKの約二一・五%はシリア出身のクルド人と考えられていることから(Özcan and Gürkaynak 2012)、一般にはPKKの姉妹組織と考えられている。

PYDは、シリア北部で実質的な自治をおこなっていたが、二〇一三年一一月にロジャヴァ(Rojava. 西クルディスタン)として暫定政府の設立を宣言したことで周辺勢力は警戒を強めた。そして二〇一四年九月、ISがロジャヴァに位置するコバニ(Kobani. アラビア語名Ayn al-Arab)に侵攻したことが、AKP政権に対クルド政策の再考を迫るきっかけとなった。コバニはクルド人にとって戦略的・文化的に重要な都市と位置づけられ、トルコ国内では政府のコバニ支援を求める声があがっていたが、エルドアンがISへの対抗策を明言しなかったことでトルコ南東部・東部の主要都市で大規模なデモが発生、五〇名が死亡し夜間外出禁止令が発令される事態となった(*Hürriyet*, 6 November 2014)。その後AKP政権は、イラク北部で自治をおこない、トルコ政府と比較的良好な関係を築いているクルディスタン地域政府(Kurdistan Regional Government: KRG)の軍事組織ペシュメルガ(Peshmerga)一五〇名がコバニのPYD支援のためトルコ領内を通過することを許可、最終的に二〇一五年一月末にはPYDがISからコバニを奪還した。

こうした際に、エルドアン大統領(二〇一四年大統領選挙で当選)が繰り返し、PYDもISもテロ組織として違いはないと述べたことは(*Hürriyet*, 20 October 2014)、PYDをいまだ非合法組織であるPKKの姉妹組織としてとらえているAKP政権の見方をよく表している。「解決プロセス」の状況は、とりわけオジャランの声明が公開されて以降は、双方に明確な合意があるかのようにみなされていたが、実際にはＰＫＫがトルコ国内で非合法組織に指定されている限り、「解決プロセス」にかかわる人々はＡＫＰ政権の庇護によって逮捕や訴追を免れているにすぎなかった。二〇一四年七月には「テロ終結および社会統合の強化に関する法律（Terörün Sona Erdirilmesi ve Toplumsal Bütünleşmenin Güçlendirilmesine Dair Kanun）」（法律第六五五一号、二〇一四年）が施行され、「解決プロセス」を実行するための制度を整備すると同時に、こうした人々が法的・行政的・刑事的責任を負わないことが明記されたが（同第四条）、それであっても政府が決定権を持つことに変わりはなかった。この点において、「解決プロセス」は人々の支持にのみ依拠したかたちで進められ、相互補完的であるはずの法による支持が欠如していたといえる（Hakyemez 2017: 6）。

シリア情勢の「好転」により勢いを得たＰＫＫやクルド勢力は、こうした状況においても「解決プロセス」の主導権を握るべく、ＡＫＰ政権に対し強気の態度でのぞんだ。しかし、この時期にクルド勢力が要求したＰＫＫの合法化やオジャランの釈放、そして南東部の自治などは、「解決プロセス」の決定権を握るエルドアン大統領やＡＫＰ政権の強い反発を招くものであった（*Milliyet*, 28 December 2015）。選挙での支持獲得という目標がＡＫＰ政権にとっての「解決プロセス」の重要な動機であったため、国政レベルでＢＤＰの事実上の後継政党となった人民民主党（Halkların Demokratik Partisi: HDP）が二〇一四年八月の大統領選挙において躍進したことも、ＡＫＰ政権のこうした反応の背景となっていたといえる。

ドルマバフチェ合意と「解決プロセス」の頓挫

ＰＫＫやクルド勢力が強硬姿勢をとる一方で、ＡＫＰ政権によるＨＤＰ議員やＭＩＴを交えた協議は継続されていた。この時期に、オジャランはさらなる和平に向けて自身が作成した草案の検討とＰＫＫ武装解除などのプロセスにかんする法的保証をＡＫＰ政権に求め、政権側は検討を了承しつつ法的保証に強い難色を示したことがわかっている（*Hürriyet*, 2 December 2014）。そして継続された協議の最終成果として提示されたのが、二〇一五年二月末に発表されたドルマバフチェ合意であった。

この合意は、イスタンブルのドルマバフチェ宮殿で開かれたＡＫＰ・ＨＤＰ議員による初の共同会見で、「恒久的な平和を目指すもの」として発表された（*Hürriyet*, 28 February 2015）。同合意では、オジャランの声明として武装解除に向けたＰＫＫの臨時大会を春に開催すると宣言され、多元主義的な民主主義の理解や民主的な新憲法の制定を求める「和平のための一〇項目」(3)が示された。ダヴトオール首相が委員長を務める解決プロセス委員会（Çözüm Süreci Kurulu）のメンバーでＡＫＰ政権の代表として会見に参加したアクドアン副首相も、こうした見解に賛意を表明した（*Cumhuriyet*, 1 March 2015）。また、三月中旬にはＨＤＰ議員が監査委員会（İzleme Heyeti）の設置を表明し、「解決プロセス」が新しい段階に入ることが期待された。

しかし、これに対するエルドアン大統領の反応は極めて厳しいものであった。エルドアンは、監査委員会の設置について「新聞で知った。連絡を受けておらず、肯定的にみていない」と述べ、ドルマバフチェ合意そのものにも強い不快感を示した（*Milliyet*, 21 March 2015）。三月下旬のノウルーズにディヤルバクルで読み上げられたオジャランの書簡は、これまで以上に武装闘争の終結を強く訴え、トルコ共和国から分離しないことを明言した内容であったが、エルドアンの発言によって危機的状況となった「解決プロセス」に進展をもたらすことはできなかった。そしてこれ以降、ＡＫＰ政権はその方針を大きく変化させた。「和平のための一〇項目」については言及がなくなり、むしろ同月末には警察権限を強化するかたちで国内治安関連法を改定した（法律第六六三八号、二〇一五年）。ＰＫＫは武装解除開始よりも先にトルコ政府が和平に向けた施策を実施するよう求めたが（*Hürriyet*, 31 March 2015）、「解決プロセス」はシリア紛争という地域情勢の変化に揺さぶられるかたちで存続の危機に陥り、ＰＫＫによる停戦破棄と武装闘争再開という錯綜点につながっていくこととなった。

三　二〇一五年の二つの総選挙と武装闘争の再開

二〇一五年六月総選挙とＡＫＰ政権の「敗北」

二〇一五年六月総選挙でのエルドアン大統領やＡＫＰ政権の最大の目標は、大統領制導入のための改憲に必要な議席数の確保であった。改憲を実現するためには、議会全五五〇議席のうち三六七議席（全議席の三分の二）以上を確保することが最善であったが、少なくとも三三〇議席（五分の三）以上が必要とされていた。そのためには、ＡＫＰ単独での支持拡大が必要であったと同時に、大統領制導入を支持する政党の協力もまた求められていた。

この点において、政党として総選挙に参加することを決定したＨＤＰは、四月下旬に党として大統領制不支持を明確に打ち出したことで（*Hürriyet*, 21 April 2015）、ＡＫＰのパートナーとなりえないことが確定した。すでに、デミルタシュ共同党首は前年九月に大統領制導入に反対を表明していたが(*BBC Türkçe*, 3 September 2014)、党として大統領制導入不支持を決定したＨＤＰの総選挙参加はＡＫＰ政権にとって大きな脅威となった。エルドアンの「向き合って席に着くテーブルはない」という発言は(*Milliyet*, 28 April 2015)、「解決プロセス」の頓挫とともに総選挙でのＨＤＰとの対決姿勢を鮮明にしたものといえよう。

こうした状況下では、ＨＤＰの得票率を議席獲得条件(一〇%未満)に抑えることが、ＡＫＰにとって重要であった(4)。そうなることで、ＨＤＰは議会から排除され、議会に議席を獲得した政党により多くの議席が配分されることになるからである。他方、ＨＤＰは和平交渉の継続を訴えつつ、クルド人のみにとどまらず歴史的にトルコで周縁化されてきた女性や障碍者、ＬＧＢＴなどを広く支援する政策を打ち出し、マイノリティの権利保護や多元主義を目指す政党として議席獲得を目指した。

総選挙の結果は、ＡＫＰが四〇・九%、ＣＨＰ(共和人民党)が二五・〇%、ＭＨＰ(民族主義者行動党)が一六・三%、そしてＨＤＰが一三・一%を得票したことで、四つの政党に議席が配分されることとなった。これにより、ＡＫＰは過半数に満たない二五八議席にとどまり、ＣＨＰは一三二議席、ＭＨＰ・ＨＤＰはそれぞれ八〇議席を獲得した。大統領制導入のための改憲を目指したＡＫＰは、かろうじて議会第一党は維持したものの、一三年近く維持した単独政権の座を失う「敗北」であった。一方ＨＤＰは、四五議席増に相当する躍進となった。

ＡＫＰの「敗北」は、「解決プロセス」での方向転換によるクルド人票の離反と、それとは逆に「解決プロセス」を過剰な譲歩とみなすトルコ民族主義の支持者たちの離反が大きく影響したと考えられる。二〇一一年総選挙時にＡＫＰが獲得したうちの一八〇万票（有効票の三・七％にあたる）が今回の総選挙ではＨＤＰに投じられ、同様の現象がＡＫＰからＭＨＰに対しても生じた（KONDA 2015: 52）。一方ＨＤＰは、南東部で圧倒的な強さをみせ、得票のうち三二・三％を当該地域で獲得、さらにはＨＤＰが獲得した票のうち七二％はクルド人によるものであり、またクルド人の五九％がＨＤＰに投票した（KONDA 2015: 16, 53, 70）。

こうしたＨＤＰのクルド人票の獲得は、「解決プロセス」実績や再開の期待感によるものと考えらえる。ＨＤＰ支持者のうち、和平交渉の再開を「絶対に正しい」あるいは「正しい」と答えた人々の割合は実に九二％にのぼった（Kutlu 2018: 47）。また、ＨＤＰ支持者のＡＫＰへの不信感はきわめて強く、「決して投票しない政党」にＡＫＰを挙げる人々の割合が、二〇一五年にはＭＨＰを挙げる割合に拮抗する状態となっていた（Kutlu 2018: 36）。

こうした結果を受けて、ダヴトオール首相は連立政権樹立のための交渉をＣＨＰおよびＭＨＰとおこなったが、ともに不調に終わった。このため、憲法で規定されている四五日以内の組閣が達成されず、八月下旬にエルドアン大統領は総選挙を一一月に再度実施することを決定した。

暴力の拡大と二〇一五年一一月総選挙

ＡＫＰは六月総選挙直後から、再選挙をにらみ、トルコ民族主義を強調しクルド勢力との対決姿勢を鮮明にすることで、ＭＨＰ・ＨＤＰ両党の切り崩しを試みていた。とくにシリアのＰＹＤに対する批判は強まりをみせ、六月にＰＹＤがトルコ国境に隣接するタル・アブヤド（Tal Abyad）をＩＳから奪還したことをうけて、エルドアン大統領がこれまでにない強い危惧を表明したことは（*Milliyet*, 14 June 2015）、ＡＫＰのこうした方針を裏づけるものであった。

このような選挙をめぐる国内政治の変化が短期的に関与するかたちで、クルド人をめぐる暴力の応酬も再開されていった。七月下旬には、南東部のシャンルウルファ県スルチでクルド人集会を狙ったとみられる自爆テロ事件が発生し、少なくとも三〇名以上が死亡、一〇〇名近くが負傷する事態となった（ＩＳ支持者の犯行といわれている）。また、翌々日に同県ジェイランプナルで警官二名が殺害された事件では、ＰＫＫが犯行声明を発した。こうした状況に際し、ＡＫＰ政権はＰＫＫならびにＰＹＤに対する空爆を再開、同月末にはＰＫＫが二〇一三年の停戦宣言の破棄を発表し、エルドアンは従来のかたちでの「解決プロセス」の終了を宣言した（*Cumhuriyet*, 28 July 2015）。

これ以降、クルド勢力は南東部で自治を宣言するなど活動を過激化させ、さまざまな面でＡＫＰ政権と衝突を繰り広げた。こうしたクルド勢力の動きは、シリアでのＰＹＤの「成功」をトルコでも実現しようとする試みであり、この点においてもシリア紛争はトルコにおけるクルド問題に直接的に影響を与えていた。ＡＫＰ政権も、インジルリキ空軍基地の使用をアメリカ軍に許可することでＩＳとの闘いを宣言する一方、ＰＫＫやＰＹＤを標的とする攻撃を重ねていった（Gunter 2017）。また、ＩＳによるとみられるクルド人を狙った攻撃も増加し、一〇月には首都アンカラでのクルド人集会における自爆テロで一〇〇名以上が死亡するなど、社会不安も急速に拡大していった。

このような状況で実施された一一月総選挙では、ＡＫＰが前回から九ポイントほど得票率を伸ばして四九・五％、議席数にして過半数を四〇議席以上上回る三一七議席を獲得し、単独政権に返り咲くことに成功した。ＨＤＰは得票率を減らし、五九議席（一〇・八％）にとどまった。結果的には、ＡＫＰは六月総選挙で失った票よりも多くを一一月総選挙で得たものの、やはり改憲に最低限求められる三三〇議席には届かなかった。こうした結果は、ＡＫＰのこれまでの政権運営能力が不安定化するトルコ社会において評価されたと同時に、トルコ民族主義への傾斜を好意的にとらえる層がＡＫＰに票を投じたものと考えられるだろう。

おわりに

クルド勢力との対決姿勢やトルコ民族主義を強調することで再度単独政権の座に就いたＡＫＰは、その傾向を変えることなく軍事力を軸とした対クルド政策を実施した。これにより、二〇一五年八月から二〇一六年三月までに南東部の七つの都市では計六三回の夜間外出禁止令が出され、ディヤルバクルのスール地区など一部では禁止令が三カ月以上継続した（Türkiye İnsan Hakları Vakfı 2016）。また、一万名以上が拘留され、そのうち三〇〇〇名超が逮捕されたともいわれている（*Al-Monitor*, 29 March 2016）。

こうした状況も、これまで述べてきたように、トルコの政治構造や周辺地域情勢の変化、そして大統領制導入を視野に入れた選挙戦という、三つの過程がさまざまな期間関与した錯綜によってもたらされた。一九八〇－九〇年代の強力な軍の存在は、対クルド政策を対ＰＫＫ軍事作戦のかたちで牽引し、ＡＫＰ政権の誕生とＥＵ加盟に向けた諸改革のなかで軍の影響力が低下したのちは、安定して単独政権を維持したＡＫＰ政権が対クルド政策の主導権を握った。これによってクルド勢力との和平交渉が試みられたが、シリア紛争やそこでのＰＹＤの活発化、そしてそれを受けたクルド勢力の強硬姿勢によって、和平交渉が頓挫するにいたった。その後の大統領制導入をめぐる政党間の主張の違いは和平の展望を悪化させるとともに、ＡＫＰ政権の選挙戦略と重なるかたちでＰＫＫが武装闘争の再開に踏み切ったのである。

トルコではその後、二〇一六年七月中旬にＡＫＰ政権に対するクーデタ未遂事件が生じたことでテロ対策が最優先政策として掲げられるようになり、対クルド政策は文民であるＡＫＰ政権のもとで一九九〇年代のように軍事作戦を中心として展開されることとなった。同年九月には、ＡＫＰ政権の報道官がＰＫＫを軍事的に制圧するまで和平交渉の再開はないと宣言し（*Hürriyet*, 11 Septemper 2016）、一一月にはデミルタシュらＨＤＰ共同党首二名を含む複数のＨＤＰ議員が拘束されるなど、クルド勢力の政治活動も危機的状況となっている。そしてこのようなＡＫＰ政権の政策は、エルドアン大統領の強力なリーダーシップを印象づけ、二〇一七年四月の改憲国民投票の実施とそれに基づく二〇一八年六月の大統領制導入を実現した。

二〇一五―一七年にみられたＰＫＫの急激な再活発化は、さまざまな過程が重なり暴力というかたちとなって現れた。そしてその延長線上において、現在トルコはさらに政治構造や周辺地域情勢、国内政治状況を変化させているのである。

注

（1）最大野党である共和人民党（Cumhuriyet Halk Partisi：CHP）は共和国建国時からの制度変更に否定的であり、トルコ民族主義を掲げる民族主義者行動党（Milliyetçi Hareket Partisi：MHP）はクルド人のアイデンティティの承認にきわめて否定的な政党として知られている。

（2）クルド語（クルマンジ）ではNewroz。春分の日であり、クルド人にとって象徴的な祭日と位置づけられている。

（3）全文については、Kurdish National Congress（2015）を参照のこと。なお、Kurdish National Congress（Kongreya Neteweyî ya Kurdistanê）はＰＫＫ主導で設立された組織である。

（4）トルコの選挙制度は拘束名簿式比例代表制（ドント式）である。

参考文献

岩坂将充（二〇一四）「トルコにおける「民主化」の手法――文民化過程にみる「制度」と「思想」の相互作用」『国際政治』第一七八号

Arıboğan, Deniz Ülke（2013）*Akil İnsanlar Heyeti Kiş isel Raporu*（http://denizulkearibogan.net/deniz-ulke-ariboganin-akil-insanlar-heyeti-kisisel-raporu/）（二〇二〇年二月一日閲覧）

Gunter, Michael M.（2017）"Contrasting Turkish Paradigms Toward the Volatile Kurdish Question：Domestic and Foreign Considerations," in Gareth Stansfield and Mohammed Shareef eds., *The Kurdish Question Revisited*, Oxford University Press.

Hakyemez, Serra（2017）*Turkey's Failed Peace Process with the Kurds: A Different Explanation*（*Middle East Brief No.111*）, Crown Center for Middle East Studies, Brandeis University.

Kaya, İlhan ed.（2014）*Akil İnsanlar Heyet Raporları*, UKAM Yayınları.

KONDA（2011）*KONDA Barometresi*（*Siyasal ve Toplumsal Araş tırmalar Dizisi*）*: 4. Ara Rapor-Temmuz'11*, KONDA.

KONDA (2015) *KONDA 7 Haziran Sandık ve Seçmen Analizi*, KONDA.
Kurdish National Congress (2015) *The Peace Process in Turkey-Kurdistan Has Reached a Serious Stage.*
Kutlu, Yusuf (2018) *KONDA Seçmen Kümeleri: HDP Seçmenleri*, KONDA.
Özcan, Nihat Ali and H. Erdem Gürkaynak (2012) *Kim Bu Dağdakiler?* Türkiye Ekonomi Politikaları Vakfı.
Türkiye İnsan Hakları Vakfı (2016) *Fact Sheet on Declared Curfews Between August 16th 2015 and March 18th 2016 and Civilians Who Lost Their Lives* (https://en.tihv.org.tr/fact-sheet-on-declared-curfews-between-august-16th-2015-and-march-18th-2016-and-civilians-who-lost-their-lives/)（二〇二〇年二月一日閲覧）
Yılmaz, Hakan (2014) *Türkiye'de Kimlikler, Kürt Sorunu ve Çözüm Süreci: Algılar ve Tutumlar*, Açık Toplum Vakfı.

URL

① https://www.start.umd.edu/gtd/search/（二〇二〇年二月一日閲覧）

第6章　シリア難民をめぐる危機のグローバルな波及
――交錯する時間軸と関係性――

錦田愛子

はじめに――欧州難民危機はなぜ起きたのか

戦争もしくは内戦による影響は通常、二度の世界大戦という例外を除いて、当該国や地域間における局地的なものに限られる。戦闘により生まれた難民も、短期的には近隣諸国に避難先を求める場合が多い。中東では、長年紛争の続くパレスチナも、大半の難民は周辺アラブ諸国であるヨルダン、レバノン、シリアか、現在は自治区となったヨルダン川西岸地区やガザ地区に住む。断続的に戦闘が起きるアフガニスタンからは、ソ連軍の侵攻や「九・一一」後の攻撃、ターリバーンの台頭などを受けて、多くの難民が隣国のパキスタンやイランに逃れた。

だがこうした傾向にも、近年では変化が見られつつある。紛争の影響はよりグローバルな規模に及び、難民の移動先も、距離的に離れた地域を含めてその選択肢が拡大されつつある。そのひとつの典型例が、二〇一五年に起きた欧州難民危機であったといえるだろう。シリアで起きた戦闘は、中東域外諸国をも巻き込む国際紛争へと変化し、契機を捉えた難民はヨーロッパ諸国をめざした。その主要な移動の目的地となったのは、それまで一般的に移民先として知られた英語圏諸国（アメリカ、カナダ、イギリス、オーストラリア）や、歴史的に移民／難民の多いフランスではなく、中東とは相対的になじみの薄いスウェーデンとドイツだった。(1)

このような変化はなぜ起きたのか。とりわけスウェーデンとドイツへのシリア難民の集中という「危機」は、どのようにして生じたのか。本章ではこの問いに答えるため、シリア情勢、受け入れ国の体制、情報伝達のグローバル化という三つの時間軸の相互作用に着目する。異なる地域でそれぞれの文脈にもとづき起きていた変化に注目することで、それぞれの通時的な変化の交錯により、グローバルな「危機」が生起する動態を捉えたい。以下ではその三つの流れと関係性の交錯を検討していく。

一　シリア紛争の展開と難民による選択

二〇一〇年末に始まった「アラブの春」による民主化運動は、シリアにも早期から伝播し広がっていった。三月に南部のダラア市で衝突が起き、そこからシリア全土に運動は拡大したが、はじめの二年ほどは、国内での居住が困難になるほどに激しい戦闘が、必ずしもすべての地域で起きていたわけではなかった。ＵＮＨＣＲ（国連難民高等弁務官事務所）の統計データによると、ヨルダン、レバノン、トルコなど周辺国での難民申請登録が急増したのは二〇一三年以降である。この年はちょうど、反政府武装組織がシリアでその勢力を拡大し始めた時期に当たる。その翌年には、「イスラーム国」によるカリフ制樹立宣言が出され、九月には有志連合によるシリア国内での対「イスラーム国」空爆が始まり、国外に逃れる難民の人数はいっきに三〇〇万人を超えた。ＵＮＯＣＨＡ（国連人道問題調整事務所）によると、国内避難民の増加が見られたのもほぼ同じ時期である（青山二〇一七：六〇―六一）。こうした展開は、とりわけ二〇一三年から一四年にかけて、戦況の拡大に伴い、シリア国内の現住地にとどまることが命の危険を伴う状況となったため、人々がやむを得ず故郷を追われる状況に陥ったことを示している（図6-1参照）。

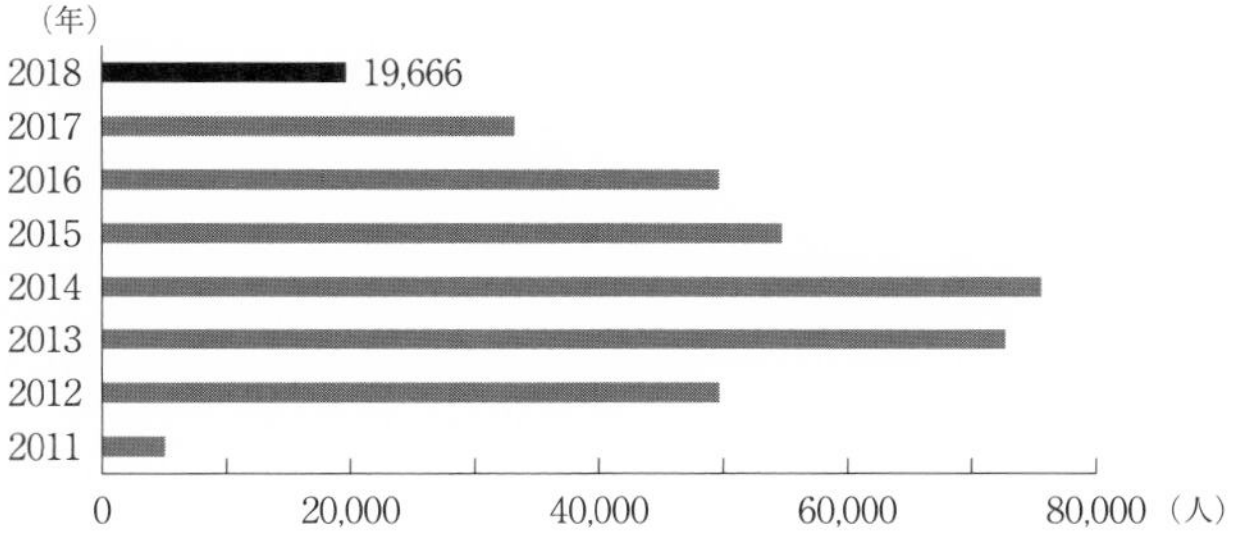

出所） URL①（AFP 作成）.

図 6-1 シリア紛争による死者数（2018 年 12 月時点）

注目に値するのは、住む家を失ったシリア人自身による移動先の選択である。筆者が欧州難民危機の一年前である二〇一四年八月にヨルダン国内の集住地に住むシリア難民を対象に行った質問票調査では、今後の移住先として回答者の二一・九％がスウェーデンを、一二・八％がドイツを「強く希望する」と答えていた[2]。これは同じアラブ諸国であるレバノン（三・〇％）や、イギリス（一一・四％）への移住の希望を大きく上回る（錦田二〇一九：九〇―九一）。この数字は、窮境に置かれたシリア人が、ただあてもなく受け入れてくれる先進国を探して家を出たのではなく、あらかじめ目的地を意図的に選んでいたことを示している。

また実際にスウェーデンへ移住したシリア人を対象に、筆者らが二〇一六年一二月から一七年三月にかけて実施した質問票調査[3]では、移動先を決めた際に重視した要素として、「寛大な移民受け入れ政策」を重要な要素として挙げた者が六七・八％、「IDカード（身分証明書）やパスポートなどの取得が容易」であることを重視した者が五四・二％を占めた。[4]すなわち、スウェーデンに来た人の多くは、スウェーデンが難民に対して寛容な受け入れ政策を取っており、帰化しやすい国であることをあらかじめ認識した上で移住を決めていたのである。

興味深いことに、二〇一七年一二月に同じ質問項目でヨルダンのシリア人難民キャンプ内、およびキャンプ外の集住地区で行った質問票調査では、スウェーデンへの移動を「強く希望する」人の割合は九・三％に、ドイツは八・八％に減少していた。[5]こうした志向の変化が生じたのはなぜか。考えられる理由としては、前回の調査の後、ヨーロッパ諸国で「イスラーム国」によるテロ事件が相次ぎ、中東からの難民の受け入れに対する警戒の高まりから、受け入れ態勢が変化したことの影響が挙げられる。二〇一六年に交わされたEU‐トルコ協定では、シリア難民の主要な移動経路であったトルコとギリシャの間で、不法入国者の強制送還が決められ、両国を通過する難民の移動人数が激減している。移動の成功率が下がり、受け入れが厳しくなったという事情を踏まえて、移動への希望自体も低減したものと考えられる。

難民として移動を余儀なくされる状況では、いうまでもなく移動の主な原因は武力紛争であり、安全な居住地を求めての移動ではある。とはいえ、その過程においても一定の選択の力は働いており、二〇一四年以降の悪化する情勢の中で、シリア難民自身が主体的に移動先の判断を下していたことは重要な点である。すなわち、難民危機において移動がドイツやスウェーデンに向かい集中したことは偶然の一致ではなく、移動主体の側の判断に由来していたことが、ここに示されているといえるだろう。

二　受け入れ国ドイツとスウェーデンでの変化

それでは欧州難民危機の際に、難民の受け入れ国ではどのような政策や世論の流れが起きていたのか。以下ではドイツとスウェーデンを取り上げ、各国で受け入れを促進した要因について探る。

ドイツ

二〇一五年までにドイツでは、移民/難民の受け入れをめぐって、いくつかの政治や法制度上の変化が起こり、経験が蓄積されていた。結果から振り返るなら、欧州難民危機はそれらの変化の中で、シリア難民にとって受け入れられやすい環境が一時的に整えられた瞬間をとらえて、移動が集中することで起こったと見ることができる。

変化の一つ目は、難民の受け入れにより制限的な法制度への転換と、その一時的な緩和である。第二次世界大戦後、ドイツはナチス政権期に五〇〇〇万人以上の難民を自国から出した反省を踏まえ、難民の受け入れにきわめて寛容な法制を設けていた。一九四九年に発布されたドイツ連邦基本法(憲法に相当する)第一六条二項二文において「政治的に迫害を受けた者は庇護権を享有する」と定め、難民による庇護の請求権を国家主権より上位に置いた。その点でドイツは「難民庇護法制の世界史上画期的」（本間一九八五：ｉ―ⅱ）と高く評価される保護制度を有していた。

しかし東西対立や冷戦崩壊の過程で庇護申請者が増え、また一九七〇年代の経済成長の停滞以降は経済難民による庇護制度の濫用が指摘され始めたことを受けて、一九九三年には基本法の庇護権規定は改正された。連邦議会での激しい議論を経たのち、「安全な第三国」を経由してドイツに入国した者は庇護権を失い、陸路で入国する難民の大半は事実上難民申請ができなくなった（昔農二〇一四：五一）。規定の改正を受けて、庇護申請者数は一時的に激減した。難民にとってドイツは、受け入れや保護を求めるのが難しい国となっていたのである。

欧州難民危機の際に、その状況を変えたのは、メルケル首相による判断だった。シリア紛争による難民・国内避難民の急増と、経済的に余裕のない経由国のギリシャやハンガリーで難民がおかれた非人道的な状況が大きな問題となる中、メルケル首相は「Wir schaffen das（私たちはやります）」とシリア難民の受け入れを決定した。想定を超えた事態の変化に対処するため、ドイツではシリア難民を一時的にダブリン規則の適用除外とし[7]、ＢＡＭＦ（連邦移民難民庁）などの関係機関は職員を臨時雇用して受け入れ手続きを進めた。これは、より積極的に国際問題にかかわろうとする、メルケル政権での対外政策の変化を受けたものだったといえる（森井二〇一八：一三五―一三七）。

二つ目の変化は、移民に関する立法である。ドイツは長らく、公式には「移民国ではない」との立場を堅持してきたが、増加する外国人労働者の受け入れを制度化するために、一九九〇年代以降は政策転換がなされた。外国人法の全面改正（一九九〇年）、国籍法の改正（二〇〇〇年）を経て、二〇〇五年には移民法が施行され、連邦政府予算による移民統合コースが設置されるに至った。欧州難民危機はその一〇年後に起こり、ドイツはEU諸国の中で最も多くのシリア難民を受け入れ、彼らの多くが移民統合コースでの語学教育等を受講することになる。

歴史的経験の面では、ドイツは第二次世界大戦後、多くの外国人労働者(ガストアルバイター)を受け入れてきた。二国間協定が結ばれた南欧諸国やトルコから多くの労働者が来て働き、戦後ドイツの労働力不足を支えた。ドイツ全体でトルコ人労働者の人数は約二六〇万人に上り、国別割合で最大規模のエスニック・マイノリティとされる。首都のベルリンはヨーロッパ屈指のトルコ系移民居住地として知られ、ノイケルンやクロイツベルクのような移民集住地区に立ち並ぶエスニック料理屋や輸入食材店の存在は、中東からの移民や難民が適応しやすい生活環境をすでに整えていたといえるだろう。トルコ人労働者の存在は、ドイツ社会とイスラーム圏出身者との接点を築くことになり、後にシリア難民を受け入れる素地ともなったと考えられる。

これに加えてドイツ人が経験していた、もうひとつの受け入れの経験は、同じドイツ人に対するものだった。東西ドイツの統一に伴う、東ドイツから西ドイツへの人々の流入、また冷戦崩壊期に旧ドイツ東方領土から帰還してきたアウスジードラーと呼ばれるドイツ系移民の子孫の流入は、ドイツ人にとって在外同胞の帰還の受け入れという特別な意味をもっていた(昔農二〇一四:四七―四九)。また比較的近年に経験した受け入れだったため、路上で寝るシリア難民に自宅の一室を宿として提供するなどの市民ボランティア活動に参加した人々の中には、かつてのアウスジードラー受け入れの経験が生きたという人もいた(長坂二〇一七)。

移民/難民の受け入れに対する思想や捉え方の点では、二〇〇〇年代以降、ヨーロッパ全体で多文化主義にもとづく対応の失敗が指摘され、その見直しを求めるバックラッシュが起きている。しかしドイツでは「移民国家」と自認したのが二〇〇〇年代と遅かったため、多文化主義の浸透が他のヨーロッパ諸国と比べて遅く、他者の受け入れに対して比較的寛容な態度が欧州難民危機の時点でも保たれていたとの指摘もある（Schönwälder and Triadafilopoulos 2016：370-376）。遅く導入された多文化共生の意識は、筆者が調査を行ったベルリンなどドイツ国内のリベラルな都市部を中心に根を下ろしているかにも見えた。とはいえドイツでも、ドイツの文化と中心的な諸価値を重視する「主導文化」論争が二〇〇〇年から続いており、一義的な評価はできない。

ドイツにおいて欧州難民危機は、このように政治的判断と行政的対応によって特別に設けられた機会に、人の移動が集中する形で起きた現象だったことがわかる。プル要因としての政治的決定、行政上の変化、市民レベルでの受け入れの経験の上に、プッシュ要因としてシリア情勢の変化が重なったことが、ドイツへの大規模な移動を導いたと見ることができるだろう。

スウェーデン

もうひとつの主要な受け入れ国となったスウェーデンでも、同様の変化と経験の蓄積が見られた。先にシリア難民の間での認識でも触れたように、スウェーデンはＥＵ諸国の中でも特に移民／難民の受け入れに寛容な政策をとることで知られる。だがその歴史は意外に浅く、第二次世界大戦以降のことである。戦中の対ユダヤ人政策への反省や、戦後の労働力需要にもとづき、移民への門戸が開放され、受け入れた移民に対しては社会民主主義にもとづく福祉国家への包摂が求められた。政府は移民に対して独自の文化的アイデンティティの保持を認め、「社会の多様性が国民的コミュニティへの帰属と両立することが期待された」(小川二〇一八：一五八)。一九七五年にスウェーデン議会が採択した新移民法は、スウェーデンの多文化主義を体現する法制となり、以後も「移民政策を根本から揺さぶるような政策議論を行わないという暗黙の了解が議会政党間に共有され」た(清水二〇一三：九〇)。こうして戦後三〇年をかけて、寛容な受け入れ体制が築かれたのである。

とはいえ一九八〇年代以降は、この政策にも揺らぎが生じ始めた。庇護申請者の増大を受けて、ほぼ一〇〇％の高水準を維持してきた難民認定率は崩れ、それに伴い移民や難民が母語教育を受けられる条件は厳格化されることになった。一九九〇年代前半はスウェーデン経済を金融危機が襲う中、ユーゴスラヴィア紛争によりボスニア・ヘルツェゴヴィナからの難民が押し寄せた(Bucken-Knapp et al. 2020)。大不況下での受け入れは深刻な課題となったが、スウェーデン政府は難民に無条件で永住資格を付与するなどして迎え入れた。同時に、今後の経済問題や事故を想定した人の流入が社会に与え得る影響について、国防大臣の指揮下で調査が進められた。報告書では、大規模な移民はトランスナショナルな脅威として位置づけられた(清水二〇一三：九二)。

一方で、移民／難民の受け入れそのものは続いた。スウェーデン政府はとりわけ紛争国からの難民の受け入れに積極的であり、このことは中東地域からの移民／難民にとって有利に働いた。二〇〇〇年代以降はアフガニスタンやイラクなどから多くの難民が受け入れられた(図6-2参照)。イラク戦争後の二〇〇六年から〇九年にかけては、内戦の勃発を受けて急増した難民を「無条件に」受け入れる方針がとられた。シリア難民がスウェーデンを移動先として目指したのは、こうした中東難民の受け

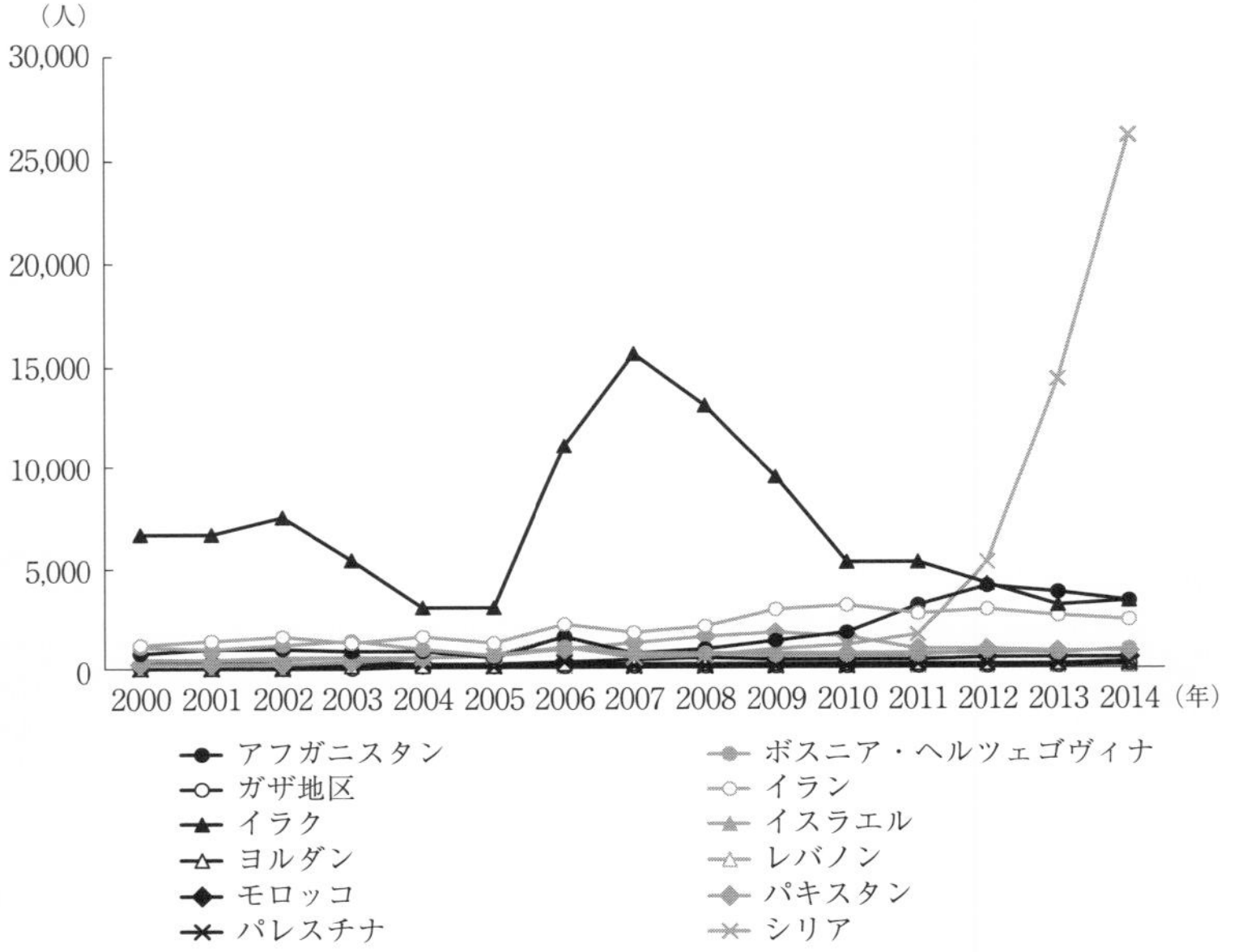

出所） スウェーデン統計局資料に基づき筆者作成.

図 6-2 スウェーデンにおける出生国別の移民／難民人口の推移

入れ経緯について、知識が共有されていたからと考えられる。

スウェーデンへの移住後の生活について、筆者らが実施した質問票調査ではシリア難民の間で高い満足度が確認された。今後スウェーデンから他の国や地域へ移住を望むか、という問いに対して、二〇一六年末の調査では「全く移住したくない」との回答が半数近い四六・四％を占めた（基盤B）。将来の居住を望む地域でも、「スウェーデンの現住地」が同じ割合を示し、「シリア」と答えたのは二五・五％にとどまった。これは政治的な問題を抱え、住んでいた家やコミュニティを破壊されて、遠くスウェーデンへ逃れた後に、シリアへの帰還を現実的に考えるのは難しいという事情によると考えられる。これに対して、二〇一七年末にシリアに隣接するヨルダンで行った調査では、シリア難民の中でシリアへの帰還を望む者の割合は六割を超えた(新領域)。

とはいえ故郷を離れたシリア難民が、単純に安定した移住先を最良の地と考えているわけではない。移動の経緯や動機を尋ねた聞き取り調査の最後に、シリアへ帰りたいか、と今後の希望を尋ねると、回答者のひとりであるシリア人の男性は、じっと筆者の目を見据えてから静かに答えた(8)。「自分たちは好きでシリアを離れたわけではない。戦争が起きたので逃れただけだ。スウェーデンは好きだが、シリアは自分たちの国(baladī)だ」。筆者が「早くシリアへ帰れるといいね」と応じると、真剣な表情をやや曇らせて、彼は他の回答者とともに、つぶやくように「インシャー・アッラー(9)」と応えた。成り行きに任せるしかない無力感がそこには表れていた。

スウェーデンでの難民危機は、第二次世界大戦後に維持されてきた移民/難民への寛容な受け入れ政策が、中東に伝達されて評判を呼ぶ中で起きたと見ることができるだろう。実際の政策レベルでは見直しが検討されていたものの、二〇〇〇年代以降も維持された高い難民認定率が、移動のインセンティブを支えた。移動の距離や、移動後の環境への満足度の高さは、シリアへの帰還の期待度を下げている。しかしそれは必ずしも彼らのナショナル・アイデンティティの変化を指しているわけではない。

三　情報伝達のグローバル化

送り出し国であるシリア、また受け入れ国のドイツとスウェーデンの各々での動向に加えて、欧州難民危機の際に重要な役割を果たしたのは、世界規模でのインターネット技術の普及と情報伝達のグローバル化といえるだろう。難民の窮状を伝え、受け入れに向けて国際世論の関心を高めたのは、マスメディアによる報道の力だった。またGPS機能による現在地情報や周辺地図の検索、SNSを通して連絡が取れるスマートフォンの普及は、情報の取得を容易にし、難民の移動を促した(Gillespie et al. 2018)。さらに受け入れ国の側でも、インターネット上での情報交換は、それまで難民問題に無関心だった人々を支援活動に巻き込むうえで重要な役割を果たした。

これらの要素を個々に見てみよう。欧州難民危機でのマスメディアの役割として、最も大きな影響を与えたのは、三歳のシリア人クルディー少年溺死事件の報道だったといえるだろう。少年は母親と共に二〇一五年九月、先に移動した父を追ってギリシャに向かうゴムボートに乗り込んだ。しかしボートは転覆し、少年は五歳の兄と母親と同じ水難事故で亡くなり、トルコのボドルム海岸に打ち上げられた。赤いシャツを着た小さな遺体がトルコの沿岸警備隊の腕に抱きかかえられた写真は、小さな子どもですら危険を冒して海を渡り、逃れなければならないシリアの窮状を、見る者に印象づけた。難民の受け入れと支援の必要性が叫ばれ、ヨーロッパ各国では一時期、人道支援活動に多くのボランティアが集まった。

同様にシリアを逃れ、トルコ、ギリシャ、マケドニア、セルビア、ハンガリーを通り、バルカン半島を経由してEU諸国を目指す難民の移動は、二〇一五年を通して各国メディアで報じられた。その際に注目を集めたのは、移動する人々が片時も手放さずに握りしめていたスマートフォンである。知らない土地を移動する際も、スマートフォンのGPS機能を使えば、かつてのように紙の地図を持ち歩かなくても目的地までの道を調べることができる。ルーターを持ち歩いたり、経由地のすべての国でSIMカードを購入したりしなくても、移動先で携帯端末をWi-Fiにつなげる場所を探しながら歩けばいい。グーグルマップで国境までの距離を知り、おおよその現在地を把握しながら進めるのは、大きな安心材料だろう。

ただし日本と比べて中東では、平面地図を正確に読める人は、あまり多くはない(アブドーラ二〇一〇)。実際に移動したシリア人の話からも、スマートフォンは地図そのものよりも、むしろ先に進んでいる集団との連絡や、SNSなどを通して目印となる建物や、川に沿って進め、といった指示を共有するのに使うことが多かったようである[10]。そして何より大切なのは、シリアに残してきた家族、または先に移動を始めた家族や友人との連絡である。特に危険な海の横断の際や、戦闘の続くシリアに残された家族との間でのコミュニケーションは重要で、数日間、連絡が取れなくなっただけでも身の安否が気遣われる。その意味では、国内外のどこにいても直接連絡を取り、つながることができる情報通信技術の発達が、グローバルな移動を始める人々の背中を押す大事な要素だったといえるのかもしれない。

ドイツなど受け入れ国では、到着する難民が急増して政府機関の対応可能な人数をはるかに超えた

図6-3　ベルリン市内の公共施設に貼られた「難民歓迎」のステッカー（2018年8月，筆者撮影）

ため、地域コミュニティや市民ボランティアによる一時的な受け入れ支援が重要な役割を果たした。欧州難民危機では、連日の報道が関心を集めたことから、これまでボランティア活動の経験がなかった人々の参加も多く見られたという。これは日本で「三・一一」の震災後に起きた、ボランティア活動の活発化と共通する展開といえるだろう。次々に到着する難民の、日々変化するニーズに対応するため、市民運動の側では必要な支援の内容や人数などについて、インターネット上で情報を交換し合い、協力が行われていたという（長坂二〇一七）。普段使用しているＳＮＳなどで情報が入手できることは、これまで活動のネットワークに乗っていなかった人々にも、参加のハードルを下げたと考えられる。

情報技術の活用については、国際報道や、移動主体による情報収集と連絡、支援活動家間の調整といった、様々な側面での効果が互いに影響し合う形で作用していた点が重要といえるだろう。シリア情勢や難民のおかれた状況が報じられなければ、支援活動が盛り上がることもなかった。またＥＵ各国で「REFUGEES WELCOME（難民を歓迎します）」（図6-3）と掲げる市民ボランティアの活動の様子は、難民受け入れに積極的な国はどこかという情報として、難民の間で共有されていた可能性が高い。その意味では、グローバルな情報共有技術の発展は、送り出し国であるシリアと、受け入れ国となったドイツやスウェーデンとの間を結ぶ役割も果たしていたといえる。二一世紀に入り、世界規模で普及したインターネットとマスメディアの存在が、欧州難民危機の発生に大きく寄与していたことが指摘される。

おわりに――協調した社会構築に向けて

本章では二〇一五年に起きた欧州難民危機を取り上げて、中東の一地域で起きた紛争がグローバルに影響を及ぼし、危機を伝播させていく様子について考察を加えた。植民地などの歴史的関係性の薄いドイツやスウェーデンに向けて、シリア難民が大規模に移動したのはなぜか、危機はどのようにして国境を越えて広がったのか。シリア情勢、受け入れ国の体制、情報伝達のグローバル化という三つの時間軸の相互作用に注目して分析を行った。

まず検討したのは、欧州難民危機時点でのシリア紛争の展開と、シリア難民自身による移動先の選択である。「アラブの春」による抗議運動はシリアで二〇一一年初頭から始まっていたが、戦闘が激化したのは二〇一三年以降のことだった。また危険な状態におかれたシリア人は、得られる情報から判断して、難民の受け入れに寛容なドイツとスウェーデンを目的地として明確に選んでいた。ここでは受け入れ国の制度に対する認識が、グローバルな移動の決定要素となっていた点が注目される。

次に受け入れ国ドイツとスウェーデンにおける、移民／難民政策の変容と、シリア難民の受け入れを促したと考えられる歴史的経験などの影響について検討した。ドイツでは戦後の基本法で、難民による庇護請求を上位規範として定めていた。しかし一九九〇年代の改正により難民申請の門戸は狭められ、大規模な受け入れにはメルケル首相による政治的判断が必要だった。特例として滞在が認められたシリア難民は、二〇〇〇年代に導入された移民向けの統合コースに組み込まれることになった。ドイツでは過去に、トルコ系移民労働者や、アウスジードラーなどのドイツ系帰還民を受け入れた歴史があり、それらの経験は市民レベルでの適応を促したと考えられる。

これに対してスウェーデンでは、戦後から一九七〇年代にかけて寛容な移民／難民の制度が構築された。過去の経験としては、ボスニア・ヘルツェゴヴィナやイラクなどからの紛争難民を多く受け入れていた。スウェーデン在住のシリア難民の間では、現住地における高い満足度が確認される。それはシリア人としてのアイデンティティを保持しつつ、スウェーデン・コミュニティに帰属するという、政府の定めた目的がある程度達成された結果と見ることもできるだろう。

最後に検討したのは情報伝達のグローバル化の影響である。インターネット技術の普及により、国際報道メディアや、SNS等を通じた相互のコミュニケーション、情報収集は容易になった。これらは難民の移動を支え、送り出し国と受け入れ国の間で人々を結びつける役割を果たしていたことが確認された。

このような個々の通時的な変化は、お互いに交錯しており、その関係性の中から欧州難民危機が起きたと考えられる。難民の受け入れに対して、基本法を改正して門戸を狭めていたドイツが、もし特別にその扉を開かなければ、紛争の激化するシリアから難民が殺到することはなかっただろう。そこにはメルケル政権下での対外政策の変化が強く影響している。また移動経路を調べる手段として、スマートフォンやSNSなどの技術が発達・普及していなければ、彼らが無事にたどり着くことは困難だっただろう。中東情勢と、受け入れ国の制度上の変化、一時的な政策決定、情報伝達技術の発展という、それぞれ個別の時間軸上での変化が、偶然合致した結果生じたのが、欧州難民危機という現象であったことがわかる。

またそこには、単なる偶然だけではなく、人々の主体的な選択が大きく影響していたことも指摘される。シリア難民の間で、ドイツやスウェーデンにおける移民／難民の状況について、あらかじめ情報が共有されていたことで、それらの国々は主体的に移動の目的地として選択された。受け入れ国側からは、政府の決定や市民ボランティアの盛り上がりなどにより、難民の受け入れ体制が一時的に整えられていることが、国際報道を通じて発信された。ここでは双方向のコミュニケーションが生じており、グローバルなレベルでの関係性を構築していたといえる。EU - トルコ協定のような制度変更がなされると、即座に人の移動に変化が生じたことなどからは、こうした関係性が双方向的であったことがよく示されている。

グローバルにつながる地域間の相互作用は、より速く、より激しいものへと変化を遂げてきているように見える。危機やリスクが共有されるのであれば、それへの対応もまた協調の下に進められなければならない。だが実際に起きているのは、各国において排外主義を掲げた右派政党の台頭だ。マスコミなどで注目を集めるのは、アメリカのトランプ大統領によるメキシコ国境での壁建設発言であり、マリーヌ・ルペン率いるフランスでの国民戦線の躍進だ。しかし同時に、本章でとりあげた「寛容な受け入れ国」ドイツとスウェーデンでも、これら排斥主義の政治勢力が根を下ろし始めていることは、看過してはなるまい。ドイツではペギーダ（ＰＥＧＩＤＡ（西洋のイスラーム化に反対する愛国的欧州人））運動こそ勢いを失いつつあるものの、政党「ＡｆＤ（ドイツのための選択肢）」は州議会や国政レベルでも獲得議席数を増やしている。スウェーデンではスウェーデン民主党が、欧州難民危機当時から移民／難民への批判を繰り返している。そうした意味では、難民危機は、難民の移動自体が収束した後でも、ヨーロッパ政治と社会に危機をもたらし続けていると見ることができる。一国主義や排外主義を訴える政治家が各国で支持を伸ばす状況は、グローバル化に逆行する動きと見ることもできよう。こうした方向性が望ましいものであるのか、今一度想起し、関係を再構築していくことが、それぞれの国家や社会の中で求められているのではないだろうか。

注

（１）本章では、シリア難民のように明らかな紛争による強制移動の他にも、さまざまな背景や理由に基づき移動し、同様の境遇におかれた人々を「移民／難民」と総称する。定義の詳細については錦田（二〇一六）を参照。

（２）ヨルダン大学戦略研究所（Center for Strategic Studies）が実査を担当し、ヨルダン国内に在住の一八歳以上のパレスチナ人男女六九七人およびシリア人男女四九三人を対象に行った調査。本調査は平成二六—二八年度科研費（基盤Ｂ）JP26283003「アラブ系移民／難民の越境移動をめぐる動態と意識：中東と欧州における比較研究」（研究代表者：錦田愛子）（以下、基盤Ｂと表記）の助成を受けて実施した。

（３）スウェーデンの調査会社ＮＯＶＵＳが実査を担当し、スウェーデンのストックホルム市、マルメ市に在住の一八歳以上のシリア、イラク、パレスチナ出身者四七二人を対象に行った調査。なおシリア人については、二〇一一年以降にスウェーデンに移住した者を対象とした（基盤Ｂ）。

(4) いずれも五段階評価のうち「とても重要」と「重要」という回答を合わせた数値(基盤B)。

(5) 三年前と同様に、ヨルダン大学戦略研究所が実査を担当し、ヨルダン国内に在住の一八歳以上のシリア人男女一二一一人を対象に行った。本調査は平成二八―三二年度科研費新学術領域研究(研究領域提案型)16H06547(以下、新領域と表記)の助成を受けて実施した。

(6) 一九九三年の改正後は、同条項は第一六a条一項として残された。

(7) EU圏内での難民の庇護申請の手続きについて定めた規定で、難民がEUに最初に入域した国が審査手続きをすることを義務づけている。一九九〇年に制定され、二〇一九年末時点でEU加盟国以外に、アイスランド、ノルウェー、リヒテンシュタイン、スイスを含む合計三二カ国で適用されていた。

(8) 二〇一五年九月一七日、ストックホルム市内のSFI(スウェーデン語学校)で行った聞き取り調査(基盤B)。アラビア語で半構造化インタビューを行い、回答者は三〇代から四〇代の六人のシリア人難民。そのうち五名は男性、一名が女性。

(9) 不確定な未来について期待を込めて用いられる表現。字義どおりには「それが神(アッラー)の望みたもうことなら」という意味で、イスラーム教の唯一神アッラーへの信託を示す。日常的に返答として用いられる。

(10) 二〇一八年一二月に筆者が実施した、プラハでのシリア難民への聞き取り調査。ドイツ在住の二〇代の男性に対して、アラビア語で行われた。

参考文献

青山弘之(二〇一七)『シリア情勢――終わらない人道危機』岩波新書

アブドーラ、アルモーメン(二〇一〇)『地図が読めないアラブ人、道を聞けない日本人』小学館101新書

小川有美(二〇一八)「多文化主義と福祉排外主義《ウェルフェア・ショービニズム》の間――オランダ、スウェーデン、デンマーク」、宮島喬・木畑洋一・小川有美編『ヨーロッパ・デモクラシー 危機と転換』岩波書店

清水謙(二〇一三)「スウェーデンにおける「移民の安全保障化」――非伝統的安全保障における脅威認識形成」『国際

政治』第一七二号
昔農英明（二〇一四）『「移民国家ドイツ」の難民庇護政策』慶應義塾大学出版会
長坂道子（二〇一七）『難民と生きる』新日本出版社
錦田愛子（二〇一六）『移民／難民のシティズンシップ』有信堂高文社
錦田愛子（二〇一九）「紛争・政治対立と移動のダイナミクス——移民／難民の主体的な移動先選択」、小泉康一編著『「難民」をどう捉えるか——難民・強制移動研究の理論と方法』慶應義塾大学出版会
本間浩（一九八五）『個人の基本権としての庇護権』勁草書房
森井裕一（二〇一八）「ドイツの移民・難民政策——「移民国」の苦悩」、宮島喬・木畑洋一・小川有美編『ヨーロッパ・デモクラシー　危機と転換』岩波書店
渡邊亙（二〇一七）「ドイツにおける難民政策の課題とその憲法的意義」『法政治研究』第三号
Bucken-Knapp, Gregg, Vedran Omanović, and Andrea Spehar (2020) *Institutions and Organizations of Refugee Integration: Bosnian-Herzegovinian and Syrian Refugees in Sweden*, Palgrave Macmillan.
Gillespie, Marie, Souad Osseiran, and Margie Cheesman (2018) "Syrian Refugees and the Digital Passage to Europe: Smartphone Infrastructures and Affordances," *Social Media + Society*, 4(1).
Schönwälder, Karen and Triadafilos Triadafilopoulos (2016) "The New Differentialism: Responses to Immigrant Diversity in Germany," *German Politics*, 25(3).

URL

① https://www.rudaw.net/english/middleeast/syria/311220181?keyword=ISIS（二〇二〇年一月三〇日閲覧）

第7章　UNHCRをめぐる関係性の変容と人道規範の危機
――湾岸アラブドナーの台頭をどう見るか――

中山裕美

はじめに――難民の保護と支援をめぐって今何が起こっているのか

二一世紀に入り、我々は未曽有の難民危機を憂慮する報道を幾度となく目にした。二〇一九年の統計に拠れば世界の一〇〇人に一人が国連難民高等弁務官事務所（UNHCR）の援助を必要としている計算になり、こうした報道が大袈裟でないことを示している。二〇一八年に国連で採択された「難民に関するグローバル・コンパクト」は、難民が受け入れ国の負担になっていることを認めたうえで、難民危機から派生する様々なニーズに対して資金が不足している現状に警鐘を鳴らした。そして、あらゆるステークホルダーが連帯し、責任と負担を分担することを強く求めている（URL①）。

このような状況の背後で、UNHCRの主要ドナーの勢力図は大きく塗り替えられようとしている。これまでUNHCRの活動は欧米諸国や日本など、いわゆる伝統的ドナーに支えられてきたが、シリア難民危機以降、湾岸アラブドナーが急成長を遂げ、ドナー上位一〇カ国に名を連ねることも珍しく

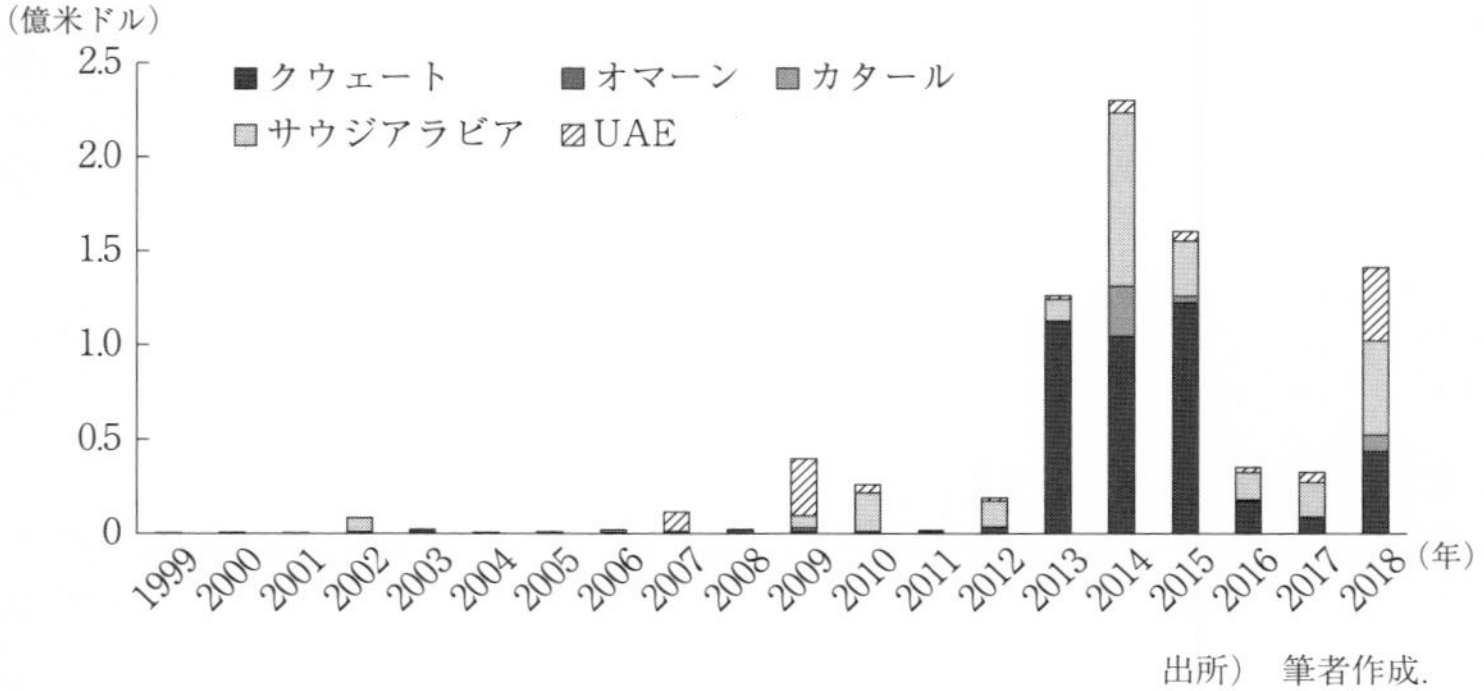

出所） 筆者作成.

図 7-1 急成長する湾岸アラブドナー（対 UNHCR）

ない（図7-1）。伝統的ドナーの資金に限りがあることを考えれば、これまでＵＮＨＣＲとの関係が希薄であった湾岸アラブ諸国が積極的に資金を投じている現状は歓迎すべきことなのかもしれない。あるいは、現状を中東における未曽有の危機という特定の条件下で生じているアドホックな現象と捉え、問題視しないこともできるだろう。しかしながら、非政治性や中立性を謳う西洋的な人道規範を必ずしも共有しない湾岸アラブドナーの台頭は、難民の保護と支援の本質を歪める恐れがあるという点において、やはり見過ごすことのできない現象である。だが一方で、湾岸アラブドナーの助力なくして難民の保護と支援が成り立たない段階に来ていることは、ドナーの勢力図の変化自体が、六十余年にもわたって難民の保護と支援を支えてきた人道規範の危機を表象していることを意味するのではないだろうか。

そこで本章は、ドナーの勢力図の変化の根底で錯綜する様々な関係性を紐解き、それらの関係性の変化の中から、難民の保護や支援の在り方を根底から揺るがす人道規範の危機の因果的起源を見出すことを試みる。ここでは、ドナーの勢力図の変化と同じ時期に見られた難民の保護と支援をめぐる様々な変化を手掛かりに、ＵＮＨＣＲと支援対象者の関係性、ＵＮＨＣＲと他の国際機関の関係性、ＵＮＨＣＲと伝統的ドナーの関係性に着目してみたい。これらの関係性の変化は、個別に見ると、いずれも人道危機の被害者に対する保護と支援の充実に向けた変化であるように見える。だが本章では、これらの変化が湾岸アラブ諸国を取り巻く国際情勢ないし地域情勢と状況依存的に錯綜した結果、難民の保護と支援の本質を歪めかねないような危機的状況を生み出していることを明らかにする。

一　人道規範の危機の表象としての湾岸アラブドナーの台頭

湾岸アラブドナーによる**ＵＮＨＣＲ**の政治利用の実態

具体的な関係性の分析に入る前に、湾岸アラブドナーによるＵＮＨＣＲに向けた資金拠出の在り方が伝統的ドナーのそれとどのように異なるのかを確認しておこう。そもそも湾岸アラブ諸国は、石油輸出収入と援助額の相関、イスラーム諸国への重点的配分、イスラーム教由来の慈善的性格といった特徴を持つドナーとして描かれることが多い（Al Yahya and Fustier 2011: 24-27; Almezaini 2012: 17-18）。だがＵＮＨＣＲへの拠出金に限って言えば、拠出額と国際石油価格に相関性は見られない。また、第二、第三の宗教的要素に関しては、ハイチなどの非イスラーム諸国で発生した災害に対する支援が行われたという事実や、サウジアラビアを除き「小国」と呼ばれる湾岸アラブ諸国にとって対外援助は重要な外交戦略の一つになるとの指摘を踏まえると（Almezaini and Rickli 2017: 3-4）、ＵＮＨＣＲへの拠出にいかなる要素が影響を与えているかについては慎重な判断を要する。

そこで、ここからはシリア危機以降の湾岸アラブドナーのＵＮＨＣＲへの拠出金の具体的な活用状況を見ながら検討していくことにする。表7-1は、国連人道問題調整事務所（ＵＮＯＣＨＡ）が運用するファイナンシャル・トラッキング・サービス（ＦＴＳ）を用いて、二〇一一年から一八年にかけて、湾岸アラブ諸国の拠出金がＵＮＨＣＲを経由し、どの国で活用されたのかを分析したものである。なお比較対象として、伝統的ドナーを代表してＵＮＨＣＲの最大ドナーでもあるアメリカの状況を参照した。

まずアメリカはというと、利用先を特定しない形での拠出が最も多く、それに続く形でシリア危機の影響が大きい国とイラクが上位に名を連ねる。ただし、これらの国で利用された額が総額に占める比率は他の危機の被害国と大差なく、エチオピアのほか表に記載されない各地の難民危機の関連国でも比較的均等に活用されているのが特徴的である。

それに対して、湾岸アラブ諸国の拠出金はイラク、シリア難民の受け入れ国であるヨルダン、レバノン、トルコ、現在内戦が発生しているイエメンで集中的に活用されている。中でもシリア危機の関連国での活動を積極的に支援しているのが、クウェートとカタールであり、両国とも拠出金全体の七割前後を占める。拠出総額でも他の国を圧倒するクウェートは湾岸諸国の中でも民主化が先行する国として知られ、他の湾岸諸国が参加していたシリア領内の「イスラーム国（ＩＳ）」への空爆に参加しない代わりに「シリア人道支援会議」を複数回主催するなど、シリア危機において人道危機の被害者支援の主導的役割を果たしている。ＵＮＨＣＲへの拠出額にもそうした対外方針が反映されており、

表 7-1　UNHCR を介した資金の国別配分額と配分比率(2011-18 年合計)

クウェート	カタール	サウジアラビア	UAE	アメリカ
ヨルダン 122,526,882 29.39%	レバノン 19,999,999 50.14%	イラク 88,317,600 36.84%	イエメン 31,071,838 59.30%	特定なし 1,970,272,013 24.49%
レバノン 116,486,882 27.94%	トルコ 10,000,001 25.07%	イエメン 77,236,585 32.22%	ヨルダン 14,741,014 28.13%	レバノン 614,976,641 7.64%
イラク 55,745,000 13.37%	イラク 6,000,000 15.04%	ヨルダン 29,670,655 12.38%	バングラデシュ 4,900,659 9.35%	シリア 430,646,000 5.35%
シリア 43,960,000 10.54%	バングラデシュ 2,387,304 5.99%	シリア 17,160,000 7.16%	ウガンダ 3,535,520 6.75%	エチオピア 404,599,483 5.03%
イエメン 30,000,000 7.20%	イエメン 1,500,000 3.76%	ソマリア 13,201,200 5.51%	レバノン 3,250,000 6.20%	イラク 383,973,978 4.77%
エジプト 26,193,548 6.28%		レバノン 6,340,138 2.64%	イラク 2,100,000 4.00%	ヨルダン 377,192,299 4.69%

注 1)　網掛けはシリア危機との関連が特に大きい国を示している.
注 2)　上段は額(米ドル), 下段は配分比率.

出所)　URL②.

国内避難民を抱えるシリアに対しても多額の資金を提供している点が他の湾岸アラブドナーと大きく異なる。またカタールの場合、シリア難民受け入れ国の中でもレバノンやトルコで集中的に活用されているのが特徴的であり、カタールがサウジアラビアとの対立を深める中で、レバノンやトルコへの接近を試みていることが示唆される。

それに対して、サウジアラビアやUAEではシリア危機の関連国での活用は二―三割にとどまり、それを上回る額をイエメンに配分している点が特徴的である。イエメン国内には難民も存在するが、現在支援対象者の大半を占めるのはイエメン内戦によって国内で移動を余儀なくされた人々である。イエメン内戦に自ら介入しているサウジアラビアとUAEは、人道機関からイエメン国内での人道支援を妨害しているとの批判を受けており（URL③）、UNHCRへの資金提供の裏にイエメン政府への補償、国際的な批判への対処といった何らかの政治的意図が含まれていてもおかしくない。

湾岸アラブドナーの台頭の裏で錯綜する関係性を問う意義

ここまでの分析で、湾岸アラブドナーがUNHCRによる支援を政治的に利用していることが実態として確認できた。その事実だけを断片的に取り上げることは、新興ドナー脅威論者を大いに勇気づけるに違いない。しかしながら、湾岸アラブドナーの援助が政治的性格を持つことは予め想定されていたことであり、片や伝統的ドナーによる人道援助の非政治性が保証されたわけでもない。ここで問うべきなのは、湾岸アラブドナー台頭の是非ではなく、なぜ政治的目的を持って資金を配分することが半ば当然視されている湾岸アラブドナーが人道援助領域でこれほどまでに成長しているのか、ということである。なぜなら、シリア危機以前にもこの地域は難民危機に見舞われていたことは、湾岸アラブ諸国が政治的に難民を利用する機会があったことを意味し、各国はそれを可能にする潤沢な資金を持っていたはずである。それにもかかわらず、今日のような難民の保護や支援の政治的利用が行われなかったことは、現在の湾岸アラブドナーの行動が他の関係性の変化によってもたらされた状況依存的なものであることを示唆する。ここからは、そうした状況がいかなる経緯で生み出されたのかを探るべく、三つの関係性を見ていくことにしよう。

二　UNHCRと支援対象者をめぐる関係性

UNHCRによって可視化される客体とニーズ

UNHCRによる保護と支援を必要としている人々は一体どのような人々で、どのような援助を必要としているのだろうか。UNHCRの公式ホームページを参照すると、UNHCRが難民だけでなく、庇護申請者、国内避難民、帰還民、無国籍者など、実に様々な人々を保護・支援していることがわかる。また活動内容に関しても、保護や解決といった本来の任務を示すものや、教育、公衆衛生、住居といった典型的な人道援助を想起させるものに加え、アドボカシー、現金給付、環境・災害・気候変動、イノベーションといった一見すると難民の保護と支援からは縁遠いと思われる言葉が並ぶ。当然のことながら現在のUNHCRの活動状況は設立当初に想定されていたものとは大きく異なるのだが、どのようにして現在の状況に至ったのか、その起源を辿っていくことにしよう。

ホスト社会への眼差しの定着

「難民に関するグローバル・コンパクト」が難民の保護と支援にとって意義深いものである理由の一つに、難民や帰還した元難民だけでなく、難民を受け入れるホスト社会のニーズに言及したことが挙げられる。それに先立つ二〇一六年の「ニューヨーク宣言」は難民キャンプでの難民受け入れは例外的かつ暫定的措置であると述べ〈URL④〉、それまでの難民保護と支援の在り方の大幅な見直しを迫る内容となっていた。実際、難民と共にホスト社会の住民を支援する手法はUNHCRにおいて近年主流化しつつある。こうした一連の動きは、シリア危機で多くの難民が難民キャンプではなく地元社会に居住し、住居費の高騰や賃金引き下げの原因となったり、ホスト国の財政負担の増加が国民の福祉サービスの低下を招いていることが広く知られるようになったことと大いに関連している。

ところが、UNHCRとホスト社会の接点を求めて遡っていくと、過去にもその痕跡を確認することができる。二〇〇〇年代前半には、途上国に長期間滞在する難民とそのホスト社会という文脈で同様の問題提起がなされていたし、さらに遡れば、一九八〇年代以前にも同様のアプローチが試みられていたことがある。これら過去の試みが示しているのは、特定の国への難民受け入れ負担の偏りが決して今に始まったことではないということである。それにもかかわらず、受け入れ負担を全面的に背負うホスト社会への眼差しがUNHCRの政策の主流に残らなかったことは、それよりも優先度の高い、あるいは国際社会の関心を引くインパクトのある危機が存在したことを意味し、そこに難民の総数の六割がわずか一〇カ国で受け入れられている現在の状況との違いを見出すことができる。そして、難民と共にホスト社会を支援する手法が主流化した今、これまで以上に、ドナーが拠出先の選定に際し、どの国を援助することが政治的目的に適うのかを考慮に入れる余地が生まれていると言える。

難民を生み出す根本原因の広がりと国内避難民

「難民に関するグローバル・コンパクト」のもう一つの衝撃は、難民発生の間接的な原因として、気候変動や環境破壊、自然災害などに言及したことだろう。本来、難民とは政治や宗教といった理由により迫害される恐れのある者を指す。ところがUNHCRの活動を振り返ると、難民ではない人々、例えば大規模な震災の被災者が度々支援対象者となっていたことが確認でき、二〇〇四年末のスマトラ島沖地震に際し国連事務総長がUNHCRに被災者支援を要請したことが活動の分岐点となっていることがわかる。このように、本来の任務内容を離れてUNHCRが活動する上で拠り所となるのが国連総会や事務総長の要請なのだが、UNHCRと環境という新たな接点を支えるもう一つの重要な指針となるのが、一九九八年に国連で採択された「国内強制移動に関する指導原則」である。この原則は国内強制移動の原因に自然災害を含む点で、迫害を要件とする難民とは一線を画すものであったが、作成当時の関心はあくまでも冷戦後の数々の紛争で発生した国内避難民にあった。つまり、UNHCRが環境と接点を持つ直接的な起源は、二〇〇〇年代以降大災害が世界的に相次ぎ、思いがけず災害と国内強制移動の接点が日の目を見たことにある。しかし、それが可能となったのはUNHCRが紛争による国内避難民との接点をより強固なものへと変化させていったからに他ならない。

その国内避難民はというと、今や難民の数を大きく上回り、UNHCRの支援対象者全体の六割近くを占めるほどであり、国内避難民の保護と支援はUNHCRの活動の柱となっている。冒頭で確認した湾岸アラブドナーの拠出先との関連の大きい危機を見ても、シリア危機の場合、二〇一九年の時点で近隣諸国に逃れたままの難民の数をシリア国内の国内避難民の数が上回っている。イエメン内戦に至っては、国内避難民の数は国外に逃れた難民の一〇倍にものぼり、サウジアラビアやUAEによるイエメンへの支援は主に国内避難民に向けられたものだと考えるのが妥当だ。ところが、国内避難民の保護や支援はUNHCRの本来的な任務に含まれず、国連総会や国連事務総長の要請や承認のもとで保護や支援が行われるものに過ぎない。また、危機の被害者が難民化する前に国内避難民として保護することは、人道危機発生国の国外で難民を保護・支援するというUNHCRの任務の在り方を本質から歪めかねない。それにもかかわらず、UNHCRがこれほどまでに本格的に国内避難民に関与するようになった経緯はいかなるものであったのかを探るために、国際機関間の関係性に話を移そう。

三　UNHCRと国際機関間の関係性

格付けされるUNHCR

UNHCRは二〇一九年の時点で職員数一万一八七一人、年間予算八二億米ドルに上る巨大な国際機関の一つに数えられる。ところが、それ自体はUNHCRの安泰を保証するものではなく、現にUNHCRは他の人道援助機関を含む様々な多国間援助機関との厳しい競争環境に晒されている。

こうした国際機関間の競争を象徴するのが、二〇一一年にイギリスの政府機関が開始した、国際機関の格付けともいえる評価制度である。この制度の本来の目的は国家の限りある資源を有効に配分することだが、記念すべき初回の格付けはUNHCRが最高評価を得ていないことを明らかにしたばかりか、UNHCRの競合相手が、国連の援助機関だけでなく、国際赤十字委員会といった非政府系の団体や欧州委員会人道援助・市民保護総局といった地域機構の系列組織など多岐にわたることを示した(DFID 2011: 79)。

国内避難民をめぐる国際機関間の協力と競争

こうした競争的環境の中でＵＮＨＣＲが取り得る戦略には協力と競争の二つがある。シリア危機以降は、活動と資金調達の双方において、ＵＮＨＣＲが他の国際機関と積極的に協力する姿勢が見られるが、細かく確認すると支援対象者によって協力の仕方が異なることがわかる。まず、シリア以降の支援の特徴でもある難民とホスト社会双方を念頭においた計画の場合、当初はＵＮＨＣＲが関連機関を主導し編纂した「地域対応計画(Regional Response Plan: RRP)」が用いられていたが、二〇一五年以降はＵＮＨＣＲが国連開発計画(ＵＮＤＰ)と共同で作成した「シリア周辺地域・難民・回復計画(The Regional Refugee and Resilience Plan: 3RP)」が用いられており、ＵＮＨＣＲが積極的にＵＮＤＰとの協働を進めていることがわかる。人道機関であるＵＮＨＣＲと開発機関であるＵＮＤＰは畑が異なるため、両者の協働には相互に任務内容を拡張し、財政・組織強化に繋がることが期待される半面、予算年次の違いや援助目的の相違から協働には懐疑的な見方も多い。現にＵＮＨＣＲは難民と開発というアプローチのもとで一九九〇年代末以降世界銀行などとの協働を試みた経験を持つが、十分な成果を挙げられておらず、懸念が杞憂ではないことを示す。それに対して、現在の協働はホスト社会のレジリアンス強化を前面に押し出すことで人道機関と開発機関の目的の整合化が図られており、ＵＮＨＣＲの活動の柱となる難民と開発の定着を後押ししていると言える。

一方、国内避難民を含めシリア国内の居住者支援を念頭においた援助計画の作成を主導したのは、

ＵＮＨＣＲではなく国連人道調整官である。実際、国内避難民の問題は複数の国際機関が分権的に関わる協力体制を採用しており、ＵＮＨＣＲは国内避難民の保護やシェルターの提供といった部分的な管轄権のみを持っているに過ぎない。このような現在の仕組みを固定化したのは、複雑化した人道危機に対応するため機関ごとの縦割り支援を見直し、分野ごとに指定された主導機関のもとで機関間協力を推進することを目的に、二〇〇五年に導入されたクラスター・アプローチである。言い換えると、同アプローチの導入の際に国内避難民という独立したクラスターが作られなかったことが現在の状況を生んだことになる。その理由を求めてさらに過去へ遡ると、一九九〇年代以降、国内避難民を扱う主導機関を作ろうとする国連の試みに国際機関間で縄張り争いを繰り広げる人道援助機関が抵抗していたことや、ＵＮＨＣＲ自身が冷戦中から既に国内避難民へ関与しながらもそれ以上の積極化には慎重な立場をとっていたことがわかる（赤星二〇一八）。結局、二〇〇五年の同アプローチの導入でＵＮＨＣＲは保護クラスターの主導機関となり、国内避難民の問題に対しては保護の文脈で主導的役割を果たすことが明確になった。そのことがＵＮＨＣＲにおける国内避難民対応策の整備に繋がり、それまでのアドホックな対応から戦略的対応への転換を促したのである。興味深いことに、ここでも国内避難民と共にホスト社会を支援することが明記されている。

このようにＵＮＨＣＲが難民以外のカテゴリーに属する人々を保護・支援するようになった経緯を辿っていくと、人道上の要請だけでなく、国際機関間の競争的環境という思いがけない関係性が顔を出す。組織としての性から、意図的か無意識かは兎も角として、ＵＮＨＣＲが自らの存続に資する支援対象者の拡大や任務内容の拡大を図り、ドナーによる政治利用の下地を作ってしまっていたとしたら皮肉なことである。

四　UNHCRと伝統的ドナーの関係性

UNHCRによる脱伝統的ドナー依存の兆し

UNHCRの主要ドナーの勢力図の塗り替えが生じた因果的起源を探るうえで、伝統的ドナーとUNHCRの関係性の変化に関する分析は欠かせない。そもそも政府が自由に金額を設定できる任意拠出金制度を採用しているUNHCRでは、資金調達は悩みの種であった。二〇一八年の会計報告を参照すると、国連等からの支給額は全体の四％、政府拠出金（EUを含む）が八六％、民間拠出金が一〇％となっている（UNHCR 2018）。この割合は二〇〇五年では、国連等からの支給額が〇・五％、政府拠出金（ECを含む）が九六・七％、民間拠出金が二・八％となっており、この間に脱政府拠出金依存が進んでいることがわかる。さらにOECD加盟国（EU・ECを含む）の割合だけを比較すると、二〇一八年が八二％、二〇〇五年は九六・三％であり、脱伝統的ドナー依存の進展が顕著である。

こうしたUNHCRと伝統的ドナーとの関係性の変化をもたらした要因の一つに、二〇〇五年から一〇年間高等弁務官を務めたアントニオ・グテーレスが主導した変革がある。例えばグテーレスは就任直後に民間資金調達部を立ち上げ、民間拠出金の大幅な増加を実現させた。また、グテーレス着任以降の資金調達状況の推移を確認すると、「難民のグローバル・コンパクト」で指摘された資金不足が、シリア危機以前の二〇一〇年の時点で既に深刻化していることがわかる（図7-2）。この年の支援

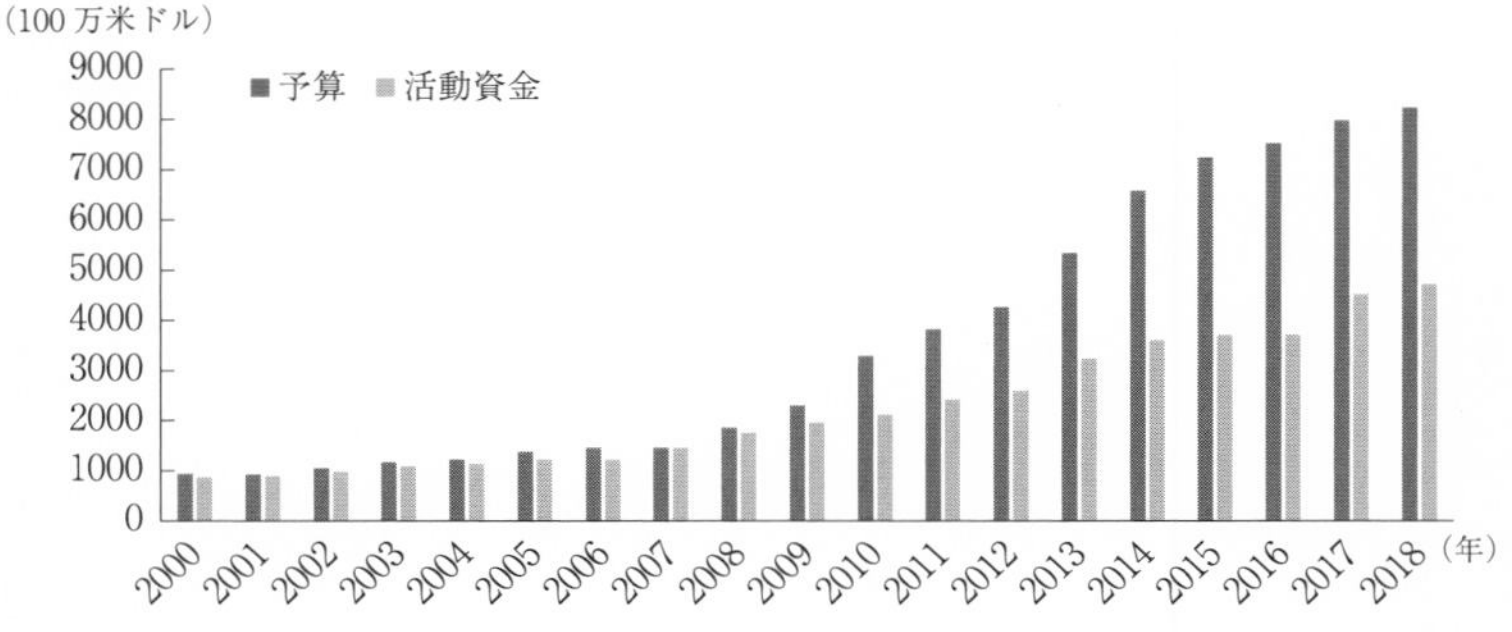

出所） 筆者作成.

図 7-2 UNHCR の予算と活動資金の推移

対象者をめぐる状況に前年と大きな違いが見られないことから、資金不足の原因は収入予測に基づくリソース・ベース予算方式に代わり、支援の質を保証するニーズ・ベース予算方式が導入され、大幅に予算が増加したことにあると推測できる（URL⑤）。この点、グテーレスは、本部の人員を大幅に削減し、現場の人員増強に努めたことでも知られ、闇雲に予算増額を図ったとは考えにくい。そこで、その原因を探るべくさらに前の時代に遡って状況を確認すると、NGOの強い支持を得たニーズ・ベース予算方式の導入が、伝統的ドナー依存によってUNHCRの活動にもたらされた弊害が深刻化したことの反作用として位置づけられることが明らかになる。

伝統的ドナーによる緊縮圧力と弊害

グテーレスの前任となるルード・ルベルスは五年の在任期間中に拠出可能な予算に見合った組織や活動の見直しに尽力した人物である。そもそも、元オランダ首相としての経歴を持つルベルスが人道援助活動の実績を持つ他の候補者を差し置いて高等弁務官に選出された背景には、組織のスリム化を含むＵＮＨＣＲの改革を望んでいた伝統的ドナー、特にＥＵ諸国の強い後押しがあったためと言われる(Hammerstad 2014: 153)。それを裏付けるように、一九九〇年代後半頃から公式会議の場で伝統的ドナーからＵＮＨＣＲの財務体質批判の声が上がるなど、ドナーがＵＮＨＣＲに対し経費削減圧力をかけていたことが確認できる(Baines 2017: 67-68)。

それと並行して、一九九〇年代後半以降軍事的な人道活動に比重を移した伝統的ドナーは、ＵＮＨＣＲを介さずに人道危機の当事国に直接資金を配分したり、ＵＮＨＣＲに対しては使途を指定して資金を提供することが増えていった(Vayrynen 2001: 156-159)。こうした伝統的ドナーの変化は、冷戦の終結以降大幅に収入が減少していたＵＮＨＣＲの財務状況に追い打ちをかけ、難民の保護と支援を更なる窮地に追い遣った。そのような状況の中でＵＮＨＣＲは脱伝統的ドナー依存を目指すことになり、民間ドナーと共に白羽の矢が立てられたのが湾岸アラブドナーを含む新興国ドナーであった。

五　ドナーの勢力図はどのようにして塗り替えられたのか

湾岸マネーへの国際社会の冷視線と**ＵＮＨＣＲ**の独自路線

ここまで三つの関係性の変化の中から今日の人道規範の危機の因果的起源を見出してきたが、これらはどのようにして現在のドナーの勢力図の変化に結びついたのだろうか。それを明らかにするために、まずはＵＮＨＣＲと湾岸アラブ諸国が接点を持った時期に遡って、そこから現在までの両者の関係性の変化の過程を見ていきたい。

ＵＮＨＣＲと湾岸アラブ諸国の公的な関係は、一九九一年の湾岸危機以降、合意や覚書を締結し連携を開始したことに始まる。当時の連携の主たる目的は難民条約の締約国ではない湾岸アラブ諸国内の難民キャンプや都市部での難民支援であり、湾岸アラブ諸国では難民がほとんど受け入れられていない現在とは異質のものであった。なお、当時もクウェートやサウジアラビアがしばしばＵＮＨＣＲに対して資金拠出を行っていたが、今日と比べるとわずかな額にとどまっていた。その理由として、当時の湾岸アラブ諸国が二国間援助を好み、多国間援助となるＵＮＨＣＲへの資金拠出に消極的であったことが挙げられる。

ところが、二〇〇〇年代に入り、両者の関係性に僅かな変化が生まれる。当時はアフガニスタン難民の問題が深刻だったこともあり、ＵＮＨＣＲが地理的にも宗教的にも関係性の強いイスラーム諸国の資金拠出に大きな期待を寄せていた。そのことは、二〇〇一年のイスラーム協力機構におけるルベルス高等弁務官（当時）の演説の内容からも明らかであり（ＵＲＬ⑥）、翌年一〇月にルベルスはアラビア半島の各国を訪問し、二〇〇三年にはアラビア半島におけるＵＮＨＣＲの活動を綴った本を出版するなど中東重視の姿勢を積極的に見せた。こうした働きかけは、カタールとクウェートが拠出誓約会議に初めて参加、カタールが初めて資金を拠出するという成果を残したが、大きな成長を続ける湾岸諸国からの金銭面で大きな貢献を得るという期待していた成果には繋がらなかった。なぜなら、この時期、サウジアラビアとＵＡＥは当時アフガニスタンで成立したターリバーン政権を承認していたことや、二〇〇一年の同時多発テロの実行犯に対する資金の流れに関与を疑われたことで国際社会の厳しい目に晒されており、対外資金援助を自粛している状況にあったからである。

このように湾岸アラブ諸国の政府とUNHCRの関係性が足踏みする中、一九九〇年代末以降湾岸アラブ諸国に拠点を持つイスラーム系慈善団体やイスラーム系NGOがUNHCRを積極的に支援する姿勢を見せ、二〇〇〇年代半ば頃までは湾岸アラブ諸国の政府拠出額を上回ることもあった。第三次中東戦争後のイスラーム復興運動の中で誕生したイスラーム系慈善団体は、特に孤児と難民の問題に関心を寄せるという特徴を持つ一方(Benthall and Bellion-Jourdan 2003: 29)、イスラーム系武装勢力と資金的な繋がりがあったために、非イスラーム世界から厳しい眼差しを向けられていた。二〇〇一年の同時多発テロ以降、その傾向は一層強くなったが、UNHCRは同テロ以降も変わらずイスラーム系慈善団体を含む湾岸諸国の民間ドナーからの拠出金の受け入れを続けた。その中にはグローバル・ジハード主義組織アルカーイダ(Al-Qaeda)やイスラーム運動組織ハマース(Hamas)との関連が疑われていたカタール・チャリティ(Qatar Charity)やクウェート・ザカート・ハウス(Kuwait Zakat House)が含まれる。また、活動資金を各国政府に依存している赤新月社(Red Crescent Society)からも当時多額の拠出が寄せられていたことに着目すると、湾岸アラブ諸国の政府が赤新月社を経由して拠出金を提供していたという見方もできる。いずれにしても、こうしたUNHCRの資金受け入れ姿勢からは、UNHCRがテロとの戦いという国際社会の潮流の中で独自路線を貫いていたことが窺える。

国際的イメージ改善への利用

UNHCRが災害被災者支援を本格化することになった二〇〇四年末のスマトラ島沖地震は、湾岸アラブ諸国が従来の閉鎖的な援助方針を転換する契機となり、それ以降、サウジアラビアは世界食糧計画（WFP）をはじめとする人道援助機関への資金拠出を増加させ、UAEは経済協力開発機構（OECD）への協力を積極化させている。FTSを用いてこの時期のUNHCRと湾岸アラブドナーの関係性を確認すると、特にサウジアラビアとUAEからは特定の条件を持った国に対する拠出の偏りが見られない代わりに、複数の単発的な拠出金の流れに、災害被災者支援、テロとの戦いの被害者支援、活用国が特定されない拠出という共通項を見出すことができる。こうした拠出動向からは、サウジアラビアとUAEがUNHCRへの拠出を通して湾岸マネーに対するテロのイメージを払拭し、伝統的ドナーでもある欧米諸国との関係を良好なものへと変化させようとする狙いが透けて見える。つまり、この時期もサウジアラビアとUAEは政治的目的を持ってUNHCRを利用しようしていたことに変わりはないが、現在の状況との決定的な違いは、そうした政治的利用は難民の保護や支援の中立性を損なうものではなく、西洋的な人道規範とも比較的整合的なものであったことにある。

シリア危機以降の政治的利用の本格化とその因果的起源

ところが、シリア危機以降の湾岸アラブドナーによるUNHCRへの資金拠出動向は、各国の政治目的を顕著に反映させたものへと形を変えることになる。このような変化は、シリア危機を機に難民のホスト社会が抱えるニーズへの関心が高まったことや、UNHCRの国内避難民への対応策の整備が進んだことに大いに依存すると考えるのが妥当である。そもそも、ホスト社会の負担やニーズに対する国際社会の関心がこれほどまでに高まらず、ドナーが提供する資金の受益者が従来通り難民と国内避難民に厳格に限定されていたとすれば、そのような事態は生じなかったはずである。なぜなら、活用先の国を指定したところで、難民のホスト国や国内避難民が発生した国に援助の効果が波及することは期待できないからである。

さらに、UNHCRと伝統的ドナーの関係性の変化の過程からは、現在のいわば肥大化したUNHCRは伝統的ドナーにとっては好ましい状態ではないと推測でき、伝統的ドナーの影響力の更なる相対的低下を招き、湾岸ドナーの台頭を後押しする状況を生んでいる。すなわち、湾岸アラブドナーの台頭によってUNHCRの主要ドナーの勢力図が塗り替えられつつある現在の状況は、湾岸アラブ地域をめぐる政治情勢や新興ドナーと伝統的ドナーの二項対立的な見方が見落としかねない複雑な関係性の錯綜の上に生み出されたものであると言える。

おわりに

本章では、グローバル関係学的アプローチを用いて、UNHCRを活性化させ、究極的には人道被害者に対する保護や支援の充実を目指す異なる関係性が錯綜することによって、思いがけない逆転現象、すなわち人道援助の政治利用を誘発し、難民の保護と支援の根幹をなす人道規範を危機に陥らせていることを明らかにした。

ホスト社会への眼差しや難民と開発のリンケージといったUNHCRの拡大的アプローチの下では、湾岸アラブドナーは自らの政治目的に照らして利用価値がある限り、積極的にUNHCRへの支援を続けると考えられるし、更なる新興ドナーの参入を促す可能性もある。一方で、伝統的ドナーはUN

ＨＣＲの肥大化や新興ドナーによる政治的利用を理由に、ＵＮＨＣＲと距離を置く事態も予想される。こうした関係性の先に、いずれのドナーの関心を得ることのない置き去りにされた難民危機が発生しないとも限らない。すなわち、ホスト社会への眼差しや難民と開発のリンケージはＵＮＨＣＲにとって諸刃の剣ともいうべきものであり、そこに難民の保護と支援を支える人道規範の危機が生じていることを決して見落としてはならないのである。

参考文献

赤星聖（二〇一八）「複合的なガバナンスにおける国際機構間関係――国内避難民支援を事例として」『国際政治』第一九二号

Al Yahya, Khalid and Nathalie Fustier (2011) "Saudi Arabia as a Humanitarian Donor: High Potential, Little Institutionalization," *GPPi Research Paper*, 14.

Almezaini, Khalid S. (2012) *The UAE and Foreign Policy: Foreign Aid, Identities and Interests*, Routledge.

Almezaini, Khalid S. and Jean-Marc Rickli (2017) "Small States in the Gulf," in Khalid S. Almezaini and Jean-Marc Rickli eds., *The Small Gulf States: Foreign and Security Policies Before and After the Arab Spring*, Routledge.

Baines, Erin K. (2017) *Vulnerable Bodies: Gender, the UN and the Global Refugee Crisis*, Routledge.

Benthall, Jonathan and Jérôme Bellion-Jourdan (2003) *Charitable Crescent: Politics of Aid in the Muslim World*, I. B. Tauris.

DFID (2011), *Multilateral Aid Review: Ensuring Maximum Value for Money for UK Aid through Multilateral Organisations.*

Hammerstad, Anne (2014) *The Rise and Decline of a Global Security Actor: UNHCR, Refugee Protection, and Security*, Oxford University Press.
UNHCR (2000-19) *Global Report, 1999-2018*.
Vayrynen, Raimo (2001) "Funding Dilemmas in Refugee Assistance: Political Interests and Institutional Reforms in UNHCR," *The International Migration Review*, 35(1).

URL

① https://www.unhcr.org/gcr/GCR_English.pdf（二〇二〇年三月八日閲覧）
② https://fts.unocha.org/（二〇二〇年一月二九日閲覧）
③ https://www.hrw.org/news/2017/12/07/yemen-coalition-blockade-imperils-civilians（二〇二〇年三月八日閲覧）
④ https://www.un.org/en/ga/search/view_doc.asp?symbol=A/RES/71/1（二〇二〇年三月八日閲覧）
⑤ https://www.unhcr.org/5461e5f30.pdf（二〇二〇年一月二九日閲覧）
⑥ https://www.unhcr.org/admin/hcspeeches/3bcd70aa4/remarks-mr-ruud-lubbers-united-nations-high-commissioner-refugees-9th-extraordinary.html（二〇二〇年一月二九日閲覧）

第8章　国家の土台で錯綜する宗教と政治
——フランスのライシテと暴力——

稲永祐介

はじめに

二〇一五年一月以来、フランスで続発した「ジハーディスト」によるテロリズムは、国家と社会に重大な脅威を与え、市民生活の日常に潜んだ。これら一連の陰惨な出来事は、二〇一九年一〇月三日にパリ警視庁内で発生したテロ事件が示すように、合理的に管理運営されるセキュリティの限界を曝け出し、宗教と政治の関係を錯綜させた(1)。

本章は、二〇一五年からフランスで続発した「ジハーディスト」によるテロを国家主体では対処しきれない出来事として取り上げ、この出来事が契機となって現れた権力の自己強化を「グローバルな危機」として考察する。本章が考察の出発点とするのは、エマニュエル・マクロン大統領が二〇一八年四月九日にパリのベルナルド会で枢機卿や教皇大使、司教たちを前に演説した次の発言である。

おそらく我われは、カトリック教会と国家の結びつきが傷ついているという思いを共有しているし、あなた方と同じように、私もこの結びつきを修復することが重要だと思っている。そのためには真実を語りあう以外に方法はない。この対話は不可欠であり、私の見方を要約すれば、世上の問題に無関心なままの教会は、その使命を果たせないだろうし、教会と信者たちに関心を向けないままの共和国大統領は自らの責務を欠いているだろうということである(URL①)。

このマクロンの演説は、南仏のカルカソンヌ近郊の都市、トレーブで発生した「ジハーディスト」による人質殺害事件(二〇一八年三月二三日)を受けたものである。しかし、このテロ事件がフランス共和国の基本原理であるライシテへの根本的な問い直しを迫ったことはあまり知られていない。この演説でマクロンが「カトリック教会と国家との結びつき」と表現するのは、教会と国家が互いの役割を補完しながら平和を築くというキリスト教の神の御業に導かれた関係性である。こうした観点から彼は、三月二八日の国民追悼式で人質の身代わりとなった憲兵を「共和的な美徳」の英雄として讃え、共和国の危機を打開する「フランス国民とカトリシズムの不滅の結びつき」を主張した。

マクロンが大統領としてマジョリティの伝統的な宗教であるカトリシズムを特別視し、教会と国家の関係修復を期待したことは、ライシテを基本原則と定める第五共和政の憲法理念に矛盾するだけでなく、「人間と市民の権利の宣言」(一七八九年)と「諸教会と国家の分離に関する法律」(一九〇五年)が定める諸個人の良心の自由にも障害となりうる。(2) なぜならフランスの非宗教的な国家は、霊的な事柄に無縁な世俗的な領域のみを扱い、市民社会の安全を保障する独立した権限を持つからである。

数多くの暴力事件があるなか、本章が取り上げるテロ事件のように重大なインパクトをフランス社会に与えた出来事はそう多くない。これまでテロリズムは、主体中心的な観点からムスリム系移民が過激化して実行した暴力事件であるとか、極めて不安定な社会的境遇にあるマイノリティが自身の尊厳の回復やアイデンティティの探究のためにイスラームに改宗した結果と見なされる傾向があった。本章の関係学的なアプローチは、このような観点とは違って、国内に生れ出た「ジハーディスト」によるテロが予想外の形で引き起こした危機を、宗教と政治の境界を揺るがした「グローバルな危機」として考察する。本章が関心を向けるのは、二つの政権(オランド政権、マクロン政権)におけるライシテ原則の運用である。分析の焦点は、国家と公立学校、そしてカトリック教会との関係が通時的に錯綜するフランスの政治文化を特定の政治的立場へと方向づけようとした統治技法に絞られる。

一 テロリズムとライシテ原則

「ジハーディスト」

二〇一五年から二〇一八年までの間、「イスラーム国(IS)」が公式に犯行声明を発したフランス国内のテロ事件は、ル・モンド紙の報道によれば、パリの風刺新聞社とユダヤ食品店への襲撃事件を含めて一〇件ある。実際の組織的な実行の当否は別にしても、フランスでは、二〇一四年六月に「カリフ制の樹立」を宣言したISの影響が各地に波及し、不特定多数の市民や統治権力を代表する人物——例えば、警官や憲兵——をターゲットにしたテロ事件が続発した(3)。その選択は戦略的でもあるが、しばしば場当たり的で意図せざる結果にも見える。

何者かが出来事を引き起こすという主体中心的な視座に立てば、フランスを標的にするジハーディストとは誰か、そしてその目的とは何かが考察の焦点となる。「テロとの戦い」を宣言したフランス共和国の権力エリートにとっても、交戦相手を知らなければ、何に対して戦うのかはっきりしない。それゆえに、一般にジハーディストがクルアーンやハディース(ムハンマドの言行を記録したもの)によってテロ活動を正当化することから、二〇一五年から連鎖する「ジハーディスト」のテロ事件とイスラームを躊躇なく結びつける論者は多かった。

しかし、「ジハーディスト」が目標に挙げるカリフ制の樹立やイスラーム法の設置、宗教的マイノリティの排斥は、しばしば組織財政や運営の口実でしかないと言われる(Bonnefoy 2017: 321-324)。さらに二〇一五年以来のフランス共和国に対してジハードをしかける「ジハーディスト」は、その言葉の由来にもかかわらず、逆説的にもイスラーム主義の運動から離れているとさえ言われる。オリヴィエ・ロワによれば、テロの実行犯の多くはイスラームへの改宗を主張するが、実際にはイスラームの教義を知らない場合が多い(Roy 2016)。フランスでテロを実行した若者の多くは、ホームグロウン(外国人ではなく、その国で生まれ育った人)であった。彼らは、ごく一般の若者文化に通じ、イスラームの戒律とは疎遠な生活(飲酒やクラブ通い)を送った後、インターネットやソーシャル・ネットワークを通じてISのプロパガンダに接近したり、麻薬売買などの軽犯罪を犯した場合は、刑期の間に過激派のメンバーと出会い、狂信的な世界観に同調した。実行犯らは、同じような日常的な差別を経験する者たちとメディアを通じて共振し、過激化した後にイスラームを名乗り、暴力によって国際的なインパクトを与えたのであった(Khosrokhavar 2014)。

ライシテ原則

ここでライシテ原則を簡単に確認しておきたい。ライシテ(laïcité)は、非宗教性や政教分離と訳されるフランス語であるが、同じ言葉で全く異なる政治的意図が示されることも珍しくない。しかしフランスには、宗教が私事化され、国家が市民の信仰内容に無関心であることによって諸個人の良心の自由が保障されるという、ライシテに関する一定のコンセンサスがあり、二〇〇四年には、公立の小中高校でこれ見よがしの宗教的標章の着用が法律によって禁じられるに至った。いわゆるスカーフ禁止法の制定である。国家は、中立的な立場から私的領域と公的領域の境界を管理し、いかなる宗教的な権威も優遇しないことによって、妥協を許さない宗教間の対立にさえ介入することができる。この意味で非宗教的な国家とは、危機を回避するために西ヨーロッパの社会が目指さねばならなかった究極の解決方法である。さらにフランスでは、市民であれば、ユダヤ教徒であれムスリムであれ、自身の信仰に関わりなく知事や国務院のメンバー、軍隊の将軍の地位に就くことができるという独特な統治機構を確立した。フランス的な国家は、宗教に敵対することはないが、宗教的権威を政治から遠ざけたのである。このような国家の論理があってこそ、市民は、個人としてどのような信仰を抱いていようとあるいは抱かなくとも、本当の意味で自身の精神を刷新する機会が保障される。しかし他方で諸個人は、いかなる集団よりも共和国への帰属を優先しなければならないゆえに、一定程度の同化が要請される。だが、多様な出自の市民が暮らす社会では、国家の介入主義的な統治権力の働きが古い宗教対立を悪化させたり、新たな紛争の火種を生み出すこともある。このような適応障害の危険が国家にはあるとはいえ、諸個人の自由な意思によって連帯するという共和国の理想——民主的で社会的な共和国——がライシテの原則に託されているのである。

しかし、こうしたライシテをフランス的例外としてすべての市民に押しつけることを批判する傾向は根強い(Asad 2006)。ライシテは、正当な統治権力の名目によって、宗教的信念とは全く別の政治道徳を諸個人に強制するという批判である。イスラームの場合、宗教と政治、家族や共同体の規範がかなりの程度重なり合っていることから、ムスリム系フランス人の生活様式は、私的領域と公的領域を区別するライシテと衝突しやすい。ジャン・ボベロは、フランスのライシテを七つの理念型——反宗教、ガリカニズム、一九〇五年の個人の良心を保障する中立性、今日の係争をもたらす法政原理、開放性、アイデンティティ、「政教条約」——に整理し、ライシテが諸勢力との関係に応じて分岐してきたという視座から、ライシテが一つではないことを強調した(Baubérot 2015)。本章は、フランスのライシテをただ一つとはみなさないが、ライシテが政治的なものの領域で論議されるとき、誤解と多くの混乱を引き起こしていることも確かであり、ライシテ原則が持つ制度的な効果を明らかにすべきだという考えにはそれなりの妥当性があると考える。ライシテの運用には、きわめて高度で洗練された政治的意図が含まれているからである。

パリ風刺新聞社・ユダヤ食品店襲撃事件とライシテの象徴的暴力

二〇一五年一月七日から一〇日に発生したパリ風刺新聞社・ユダヤ食品店襲撃事件は、アルジェリア系とマリ系フランス人が新聞社で警官を含む一二人と、翌日の警官襲撃事件で一人、そして翌々日のユダヤ食品店の人質事件で客の四人を殺害した「ジハーディスト」によるテロ事件である。この事件は、市民の心にテロへの恐怖を刻み込んだだけでなく、共和国に対する根底的な挑戦とみなされた。マニュエル・ヴァルス首相は、即座に「テロとの戦い」を宣言した。事件三日後の国民議会で彼は、交戦相手をジハーディズム、そして過激なイスラーム主義であると明言し、次のように主張した。

フランスはイスラームやムスリムと戦っているのではない。フランスは常に、信仰者であれ無信仰者であれ、すべての市民を保護する(URL②)。

加えてヴァルスは、イスラームをフランス第二の宗教と認めながらも国内のムスリム系フランス人にはライシテや男女平等の理念が浸透していないという。彼はこれらの価値観が国内すべての宗教に適うと強調し、都市のなかで隔絶した生活圏や統合政策の失敗にも有効であると次のように論じる。

今朝私は、国民教育相のナジャ・ヴァロー=ベルカセムと共に、フランスの大学区長たちの前にいた。私は彼らに総動員のメッセージを送った。それは要請のメッセージである。国民教育のあらゆるレベルで重要な、ただ一つの問題を反響させなければならない。ライシテ! ライシテ! ライシテ! なぜならライシテは、共和国の核心であり、学校の核心でもあるからである(URL②)。

このヴァルスのライシテ理解は、統合の観点から注意深く検証する必要がある。彼が同席した大学区長は、近代国家の特徴である中央集権的な教育行政を管轄し、公役務を系統立てる垂直的な構造のもと、共和国の理念を生徒たちに習得させる責務を持つ。ヴァルスのメッセージには、今後も宗教的な権威が国民教育に干渉しないよう、ライシテ原則を徹底させるために、教育担当者の「それぞれが責任感を持たねばならない」ことを確認する意図があった(*Le Monde*, 2015.1.12)。

ヴァルスによれば、「学校なき共和国はありえないし、共和国なき学校もありえない」。さらに彼は、非宗教的な教育行政を治安強化に結びつけ、上述のスカーフ禁止法と、二〇一〇年に制定された公共空間で全身を覆う服装(ブルカ)の着用を禁止する法律を市民に想起させた。この政治的意図は、彼が当時の野党であった社会党の立場からブルカ禁止法の制定を熱烈に支持したことを念頭に置けばわかりやすい。彼は、これ見よがしの宗教的標章(スカーフ)とブルカ着用の禁止を、一八八〇年代に共和政国家が有権者の理性的な投票のために公立の初等学校を非宗教化したプロセス(Portier 2016: 104-105)と同じ観点から捉えている。当然ながらムスリム系フランス人には、一九世紀のカトリック教会が持ったほどの社会的影響力はない。ここで問題となるのは、共和派がたどった教権派との戦いの歴史を、歴史的な文脈も社会的な境遇も異なる現代フランスの宗教的マイノリティに押しつける共和的統合の規範的な性格である。

ライシテは、国家が一人ひとりの良心の自由を保障するという名目によって公立校を宗教から分離させ、「国王も神もなきヒューマニティ」をその端緒とする教育関連法に則り、一七八九年の諸原理を実行する。ライシテは、一九〇五年の政教分離法の制定により、私的領域と公的領域の区別を正当化し、キリスト教の伝統的年中行事を祝日として暦に残したとはいえ、すべての礼拝の公的な地位を抹消させた(Portier 2016: 138-139)。しかし、ヴァルスが主張するライシテの運用範囲は、国家が責務を負う公立校から公道やショッピング・センターなどの一般に開放された場所にまで広がっている。彼は、マイノリティであるムスリム系移民の第二・第三世代の過激化とテロの発生を結びつけ、それらを未然に防ぐには、ライシテが学校教育を通じてすべての市民に浸透するだけで十分だと認めた。

しかし、実際のムスリム系フランス人は、非宗教的な教育を通じて市民として公平に世俗的な諸制度や規範を学べば学ぶほど、共和国の理想と現実とのズレに苦悩し、しかもフランス社会から隔絶された生活圏で暮らす場合、彼らには自身の意思を政治に代表させる術も乏しい。たとえ彼らが学校教育によって労働市場で競争するために学んでも、実際の社会では差別されたまま郊外の貧困状態に置き去りにされる。多くのムスリム系フランス人の境遇は、きわめて不利な社会的条件のもとにあることは看過できない。

ヴァルスは、一九世紀から現在に至る公教育の非宗教化と共和国の定着が折り重なるプロセスのなかで、「ジハーディスト」によるテロを、ムスリム系フランス人が女性の服装にこだわる強情さに巧みに結びつけた。彼が主張するライシテは、ムスリム系の同胞に、どのような公の場でも「フランス人らしく」自らの信仰表現を抑制する市民性の内面化を迫る。そして、もしも彼らが市民生活のなかでライシテを少しでも拒む徴候を示すときには、偏狭な信仰者という負の烙印を与え、共和国の「内なる敵」と名づけるのである。このような彼のライシテ理解には、ムスリム系フランス人を社会の周縁に押しやる「象徴的な暴力」(Braud 2004)が埋め込まれている。なぜなら、大部分のムスリム系フランス人の生活環境が身体的に過酷な惨状にあるだけでなく、精神的な荒廃さえも生み出しかねないにもかかわらず、断固としたライシテは、彼らの宗教的な感受性を通じて集団に愛着を抱き、支え合いながら共存する間柄(Mahmood 2009: 842)を否定し、共和国への統合を執拗に迫るからである。この意味で、ヴァルスにとってのライシテには、マイノリティに帰属する一人ひとりに共和国への自発的な服従を強いる制度的な効果があるといえよう。

二　ライシテ原則と新しい権力エリート

二〇一五年一一月一三日に発生したパリ同時多発テロの実行犯は、パリの一〇区と一一区、パリ郊外のセーヌ＝サン＝ドニを襲撃し、銃撃と自爆テロによってスタジアムとバタクラン劇場、そして街頭で一三〇人の死者と三五〇人以上の負傷者を出した。彼らは、パリ風刺新聞社・ユダヤ食品店襲撃事件の実行犯と同様に、二〇代から三〇代の十数名の若者であり、そのうち五名がアルジェリア系フランス人を含む、「ホームグロウン・ジハーディスト」であった。経済的には中産階級に属する者も多い。主犯のモロッコ系ベルギー人は、二〇一四年にシリアへの渡航歴もあり、フランスとベルギーを自由に行き来した。実行犯は、インターネットやソーシャル・ネットワーク等のメディアを通じて、自分の目の前にある現実とは異なる世界を発見したり、匿名の人々と共鳴し、自我を拡大させていった。ヨーロッパで生まれ育った彼らは、ブリュッセルで準備された計画を、サン＝ドニに住む若者たちの協力を得て実行した。彼らは、地理的な空間と情報空間を往来する活動傾向から「グローバル・ジハーディスト」とも呼ばれるが、先に示したように、彼らの暴力的な意思表示を正当化する「ジハード」に信仰上の理由を見出すことは難しい。

ライシテの制度的な効果に着目すれば、フランス革命以来の普遍主義的な国家をその端緒とする必要がある。カトリックの多いフランスにおいて、宗教的マイノリティであるプロテスタントやユダヤ教徒は、国家が非宗教化されることで、自身の信仰を私事化するという条件のもと、法の前の平等が保障され、市民権が認められたことが想起されなければならない――マイノリティの権利擁護。しかし近年のライシテは、前節で検討したヴァルスのように、政教分離を共和国の基本原則として堅持することで、ムスリムという出自を持つ市民の法の前の平等を蔑ろにしている――マイノリティの排斥。ヴァルスが理解するライシテは、市民が信仰の違いや有無によって差別されないという普遍主義とは無縁なライシテへと更新されている。

「グローバル・ジハーディスト」の暴力は、パリ同時多発テロの三日後の一一月一六日、国家が独占する物理的強制装置の発動をもたらした。それは、テロ対策としてはじめて宣言された緊急事態であった。この日、当時の大統領フランソワ・オランドは、ベルサイユ宮殿に両院合同会議を招集し、「フランスは戦時下にある」と演説し、その後、緊急事態法の延長が議会で承認された。このテロ対策は、二〇一七年に政権がマクロン政権に代わっても継承されたが(4)、しかし、マクロンの政治的意図には、治安維持だけに留まらない狙いがあった。

本節では、多義的なライシテ原則に対して、本章のはじめに指摘したマクロンのカトリック教会への接近が、五八年憲法第一条に規定されたライシテを維持したうえでの更新なのか(「横滑り」)、それともそれを乗り越えた「転換」であるのかを考察する(Hacker et al. 2015)。

ライシテ原則からの「転換」?——国家の脱-非宗教化の試み

パリ同時多発テロの三年後、南仏のトレーブで二〇代のモロッコ系フランス人によるテロが発生した(*Le Monde*, 2018. 3. 23)。犯行現場と近隣のスーパーで人質を含む四人を殺害した実行犯は、パリ風刺新聞社・ユダヤ食品店襲撃事件やパリ同時多発テロと同様、治安部隊の突入の後射殺された。その後、ISは犯行声明を発表した。この事件でマクロンが特に強調したことは、犯行現場で実行犯を説得し、自身が人質の身代わりとなり他の人質と共に殺害された憲兵の犠牲の精神であった。

政府は、三月二八日に国民追悼式をパンテオンで催し、犠牲となった憲兵を二階級特進させ、彼の職務行為を「共和的な美徳」の模範として讃えた。その一二日後の四月九日に、マクロンは、カトリック教会のベルナルド会に招かれた際、殉死した憲兵隊中佐の自己犠牲の精神をカトリシズムの伝統的な道徳規範と結びつけ、次のように論じる。

> もしもカトリック教徒がフランスを偉大な祖国にするために献身し、自らの死を受け入れたのならば、それはヒューマニズムの理想においてなされただけでも、世俗化したユダヤ=キリスト教の道徳だけによるのでもない。それは神への信仰と宗教的実践にもよるのである(URL①)。

大統領が国内でカトリック教会のために発言した前例はない。この演説には、諸宗教の間に深刻な摩擦を生み出しかねない緊張を秘めている。なぜならマクロンは、フランス史において虐殺と迫害の集合的記憶を持つ宗教的マイノリティの存在――プロテスタントやユダヤ教徒、ムスリム――を無視して、宗教的マジョリティの制度であるカトリック教会と国家の傷ついた紐帯を修復し、教会が「良き習俗の守護者」として「ナショナルな結束」を強めると主張するからである。

マクロンは、犠牲となった憲兵の職務がカトリック教徒の妻によって支えられたように、「カトリックの活力がいまだに、そしてずっと我われのネイションを存続させるよう寄与するにちがいない」と論じ、カトリシズムへの愛着を示す。彼は、この見解がライシテに反するという批判を招くことを予測しながらも、オランドの宗教に無関心である姿勢とは対照的に、私事化されたカトリシズムがこれからは公共の道徳としての役割を担うべきことを主張した(5)。

このマクロンのライシテへの態度は、ヴァルスが主張するような断固としたライシテに幻滅する宗教的マジョリティへの応答と見なすことができる。司教会議の議長マルセイユ大司教は、ライシテの原則に対して次のような懸念を示していた。

政教分離は、国家の非宗教性によって〔信仰や礼拝の〕差異を法に則って尊重し、共に生きる公正な手段を見出すことを可能にした。〔しかし〕我われは、我が国が経験したごく最近の発展から生じた問題を解決するには社会や国家を非宗教化するしかないという不安を、国民に与えたくない(URL⑤)。

マルセイユ大司教は、フランス国内のカトリック教徒に向けて、移民問題や数多くの惨劇に触れながら、「カトリック教会には歓待という長い伝統がある」と述べ、今の諸列強国には将来を担ういかなる政治的なコンセンサスもないと論じる。そして演説の最後に彼は、まったく予期せぬ状況のなかで国を守るという理想に従い犠牲になった憲兵を讃えた。

続くマクロンの演説は、こうした大司教の発言を踏まえ、シリア難民や周辺諸国の移民が蒙る非人間的な境遇と、代理懐胎のような生命倫理に関する道徳規範の課題を論じた。彼によれば、これまで政治家たちがカトリックを選挙民の塊ぐらいにしか見なかった結果、カトリック教会は、今の不安定な社会状況にほとんど関わることがないという。彼は、行き過ぎた相対主義による無責任やニヒリズムによる無関心が国内に広がっていることへの危機感を大司教と共有したうえで、カトリックの道徳規範に、テロ対策を支え、秩序を律する根拠を求めた。しかし、犠牲となった憲兵の職務行為の動機づけにカトリシズムの精神を見出し、それを「共和的な美徳」の土台とみなすマクロンの主張には、論理の飛躍がないだろうか。

もともとマクロンは、国立行政学院(ENA)出身の権力エリートである。彼には宗教と政治の関係について極端な見解があるわけではない。実際、彼は、この演説で神政政治を否定している。むしろ彼の特徴は、資本と労働の闘争において国家に自身の中立性を放棄させ、国家を金融界に従属させるネオ・リベラルな経済政策にある(Godin 2019)。したがって彼のライシテをめぐる発言は、「ジハーディスト」によるテロの脅威のもと、自らの陣営を立て直すために、分散した保守的な立場の人々を結集しようとする状況依存的な態度によるものと思われる。

マクロンは、オランドと同じように、ENA出身者としてキャリアを重ね、その後大統領に就任した。しかし、彼がオランドらと違うのは、国家の介入主義的な権力の働きに対して私的領域を擁護し、経済的な自由を強く志向する政治的立場にある。彼のネオ・リベラルの傾向は、ニコラ・サルコジが大統領に就任してから目立ってきた実業界や金融業界に接近するという点で、これまでの伝統的な権力エリートと大きく色合いが異なる新しい権力エリートとして定義できる(Birnbaum 2018 : 27)。これまでのENA出身者は、オランドのように、体制変革や政権交代に関わりなく国家に奉仕する、国務院のような政府の諮問機関や財務監査を行う会計検査院などからなる大官僚団(Grands Corps)に加わるか(Kessler 2008)、あるいはジャック・シラクのように、大臣官房に任命され、その職務の後に政界を目指した。しかしマクロンは、これまでの権力エリートとは異なり、ENA出身者として私企業のロスチャイルド銀行に勤務した後、オランド政権の経済相に就き、公共企業と私企業を接近させ、国内の大資本家(les gros)やグローバル企業に市場を積極的に開いた。

マクロンの自由な市場への志向には、これまでの権力エリートとは違って、経済における政府と私企業セクターの混交に対する禁忌に似た心理的規制はない。彼の眼には、グローバル化したフランスにおいて、公的領域と私的領域の境界を中立的に管理する国家は、テロの脅威にも、経済危機や生命倫理についての人道的な危機にも無力である。彼が試みるカトリック教会との接近は、経済的な保守と宗教的な保守の結合を図ることで共和国を前進させる国家の脱‐非宗教化の試みであったといえよう。彼のカトリック教会と国家の関係修復の提唱は、ライシテ原則からの「転換」の主張であった。

この企図は、断固としたライシテとは別の形でムスリム系フランス人の自尊心を低下させるだけでなく、私的領域に対する国家の中立性をも反故にする。このマクロンのテロ対策は、宗教と政治が協働することによって私的領域と公的領域の境界をますます融解させる世俗国家の危機をもたらしたのであった。

おわりに

本章は、二〇一五年からフランスで続発した「ジハーディスト」によるテロリズムを、「グローバルな危機」が現れる契機として考察し、二つの政権（オランド政権、マクロン政権）におけるライシテ原則の運用の変化から「見えにくい関係性」を検討した。

オランド政権のもと、ヴァルスは、断固としたライシテの立場から、学校教育と治安維持を結びつけた。彼は、ライシテ原則を、宗教的マイノリティに属する諸個人の良心の自由を擁護する原則から、ムスリム系フランス人の異議申し立てを封じ、彼らを可能な限り世俗的な政治に参画させて服従させるイデオロギーへと「横滑り」させた。ヴァルスがライシテに期待したのは、第三共和政期に洗練された統治技法――非宗教化――の適用範囲を公立校から公的な空間に押し広げ、拡大適用することで、市民生活の奥底から治安維持を強めるという制度的な効果であった。

マクロン政権は、実効性が疑われたままの緊急事態法を引き継ぎ、新法を制定することで緊急事態を一般化させた。マクロンは、宗教に注目するが、ヴァルスとは違って、従来のライシテ原則を「転換」させ、カトリシズムによって公共の道徳を基礎づけようとする。マクロンは、テロ対策には共和国への自己犠牲が必要であると論じ、大統領としてははじめてカトリック教会のための演説を国内で行い、自己犠牲の精神にカトリシズムの意味を与え、「フランスらしさ」を見出そうとした。彼にとって、共和国がライシテの法的な枠組みに忠実なままカトリシズムを私事化し続ければ、「共和的な美徳」は意味を失い、フランス人の同胞が「ジハーディスト」に変貌することを予防できないからであった。

テロの暴力は、共和国大統領に、ライシテ原則から国家とカトリック教会の協働への「転換」を着想させるまでに至らせた。このマクロンの政教関係の構想は、「ナショナルな結束力」を強めるために私的領域と公的領域の境界を曖昧にした。もし、続発するテロの脅威が国家形成のプロセスで二極化した宗教的なものと世俗的なものの境界を錯綜させたのならば、私たちは、社会に応じて変化する状況依存的な統治権力の動向を見極めるために、新しい関係学的なアプローチが必要であろう。なぜなら、「ジハーディスト」によるテロは、彼らが最も憎みかつ軽蔑したフランス社会を暴力によって脅かしたものの、逆説的ではあるが、新しい権力エリートに、長期的な歴史的プロセスのなかで徐々に統治権力に埋め込まれていった宗教的な権威を浮き彫りにしたからである。新しい権力エリートがカトリシズムを伝統文化として政治的に利用し、国家の非宗教的な統治能力を機能不全に陥らせた後、大資本家は、テロの脅威に怯えた宗教的マジョリティの結束に乗じて既得権をしたたかに守り、ますます肥えふとっていくのだろうか。フランスにとって、「グローバルな危機」とは、普遍主義的な国家の統治能力が新たな寡頭制支配の台頭によって衰弱し、デモクラシーが退行する危機であったといえよう。

注

（1） 本章は、権力エリートの言説に焦点を当てるため、マリーヌ・ルペンやジャン＝リュック・メランションに代表される政治家の言説は分析の射程に入らない。

（2） フランスには差別を避ける理由から公式の宗教別の人口統計はないが、その比率については、二〇一九年のフランス政府の報告書が参考になる。この調査によれば、どのような宗教に結びつきを感じるかという質問に対し、本章に直接関連する宗教だけを見ると、カトリシズムは四八％、プロテスタントは三％、イスラームは三％、ユダヤ教は一％であった。これらを合計した数値のうち、一カ月に一度の宗教的な実践（礼拝、宗教儀礼や祭祀への参加）を行う者の割合は一四％である。ちなみに調査対象全体において、自らを信仰者と認識する者は三七％、無信仰者・無神論者と認識する者は三一％、不可知論者は一五％という数値がある（URL④）。したがって、フランス人全体の割合で多数を占めるのは、カトリック教徒（調査対象の一七％）ではなく、無信仰者と無神論者、不可知論者を合わせた市民（四六％）である。

（3） 紙幅の関係ですべてを紹介できないが、二〇二〇年二月までの他のテロ事件には、統治権力を代表する人物を標的にしたテロとして、警察司令官と内務官僚の二人を殺害した事件（二〇一六年六月一三日、マニャンヴィル）のほか、自動小銃による狙撃によって一人の警官が死亡し、二人の警官と一人の通行人が負傷した事件（二〇一七年四月二〇日、シャンゼリゼ通り）などがある。カトリック教会を標的にしたテロには、二人の実行犯がミサの最中に人質を取り、一人の司祭を殺害し、一人の信者を負傷させた事件がある（二〇一六年七月二六日、ルーアン近郊サン＝テティエンヌ＝デュ＝ルヴレの教会内で発生）。

（4） 緊急事態法の延長は、二〇一七年一〇月三〇日に「国内の安全及びテロとの戦いを強化する法律」が制定され、「平時」でも緊急事態と同じテロ対策が可能になるまで続いた。

（5） 一九〇五年の政教分離法の修正の提案はその際立った例である（*Le Monde*, 2018. 11. 6）。しかし、この議論はその後凍結した。

参考文献

Asad, Talal (2006) "Trying to Understand French Secularism," in Hent de Vries and Lawrence E. Sullivan eds., *Political Theologies: Public Religions in a Post-secular World*, Fordham University Press.

Baubérot, Jean (2015) *Les 7 laïcités françaises*, FMSH.

Birnbaum, Pierre (2018) *Ou va l'État? Essai sur les nouvelles élites du pouvoir*, Seuil.

Bonnefoy, Laurent (2017) "Les métamorphoses du djihadisme," in Alain Dieckhoff and Philippe Portier eds., *L'enjeu Mondial: Religion et politique*, Presses de Science Po.

Braud, Philippe (2004) *Violences politiques*, Seuil.

Godin, Romaric (2019) *La guerre sociale en France: Aux sources économiques de la démocratie autoritaire*, La Découverte.

Hacker, Jacob S., Paul Pierson, and Kathleen Thelen (2015) "Drift and Conversion: Hidden Face of Institutional Change," in James Mahoney and Kathleen Thelen eds., *Advances in Comparative-Historical Analysis*, Cambridge University Press.

Kessler, Marie-Christine (2008) "L'impératif des grands corps," in Serge Berstein, Pierre Birnbaum, and Jean-Pierre Rioux eds., *De Gaulle et les élites*, La Découverte.

Khosrokhavar, Farhad (2014) *Radicalisation*, FMSH.（池村俊郎・山田寛訳『世界はなぜ過激化《ラディカリザシオン》するのか？——歴史・現在・未来』藤原書店、二〇一六年）

Mahmood, Saba (2009) "Religious Reason and Secular Affect: An Incommensurable Divide?" *Critical Inquiry*, 35(4).

Portier, Philippe (2016) *L'État et les religions en France: Une sociologie historique de la laïcité*, PUR.
Roy, Olivier (2016) *Le djihad et la mort*, Seuil.（辻由美訳『ジハードと死』新評論、二〇一九年）

URL

① https://www.elysee.fr/emmanuel-macron/2018/04/09/discours-du-president-de-la-republique-emmanuel-macron-a-la-conference-des-eveques-de-france-au-college-des-bernardins（二〇二〇年一月三〇日閲覧）

② https://www.gouvernement.fr/partage/3118-seance-speciale-d-hommage-aux-victimes-des-attentats-allocution-de-manuel-valls-premier-ministre（二〇二〇年一月三〇日閲覧）

③ http://www.ariege.gouv.fr/content/download/9989/68738/file/16112015%20CONGRES%20VERSAILLES%20ATTENTATS%20DE%20PARIS%20DISCOURS%20DE%20FRANCOIS%20HOLLANDE.pdf（二〇二〇年一月三〇日閲覧）

④ https://www.gouvernement.fr/rapport-des-francais-a-la-religion-et-aux-convictions-chiffres-cles（二〇二〇年一月三〇日閲覧）

⑤ https://eglise.catholique.fr/actualites/454832-discours-de-mgr-georges-pontier-a-ladresse-des-invites-a-la-soiree-du-9-avril-2018-aux-bernardins/（二〇二〇年二月一五日閲覧）

第9章 歴史と脅威を通じ政治的絶対主義へ直面する
――ウガンダにおける音楽、ＬＧＢＴＩ＋と政治運動――

イアン・カルシガリラ
稲永祐介・松永泰行 訳

はじめに

確立された政治体制へ対抗する音楽のメッセージは、失政や汚職、公民権剝奪に直面することで活気づく。この現実は、権威主義体制の転換の闘いが企てられるとき、多次元的また動的になる。音楽は、政治的な闘争のうちもっとも反響を呼ぶ社会的現実の認識を反映して生み出される。音楽はまた既存の構造を活気づかせ、社会的・政治的現実のすべての側面を根本的に変革するために必要な政治行動はその構造の中でとられる。音楽作品はどの国の政治的現実の中にも存在してきた。しかしウガンダでは、二〇一〇年代以降その存在は圧倒的に際立っている。一九八一年から八六年までの血に飢えた独裁体制を打倒した革命戦争中やその後の時期において、革命的音楽は、現体制下において新たな政治秩序を支え、国民を統一するための真正な政治戦略の一つであった。一九八〇年代から九〇年代にチフルグニュ軍曹のようなミュージシャンは、全国的に有名になった。同じ音楽が、依然として国軍の軍事訓練の主要な要素の一つとして使われている。これらの曲は、訓練生の士気を高め、革命政権を強化するために必要な同志の精神を生み出す。このような革命的音楽は、体制の正当性の拡大を求める革命体制の戦略を支えるものとして、前例のないものであり続けている。しかし研究者も政治家も、音楽がウガンダの過去の政治に、さらには将来広まるであろう政治に関わるものだとは見てこなかった。それゆえ、ウガンダにおける政治的音楽についての記述は、わずかであるか、ほとんど見出すことができない。しかし増え続ける音楽の圧力は、若年層の増大と急速な都市化という人口統計学的な要因を土台にしている。

本章の後半(第二節)では、国外からインスピレーションを得た運動体が、特定の政治体制とその国内的なライバルの政治的イメージを条件づける潜在力をもつだけでなく、他国のあるいは国際的な抵抗運動がそのイメージから自らの支持を取り付けうるときに、そのような運動体がどのような連動作用をもつかを取り扱う。具体的には、二〇一四年の反同性愛法(通称「ゲイを殺せ」法案)の制定と、それがもたらした国際政治におけるウガンダ国家の信頼性と正当性への、またグローバルなＬＧＢＴＩ＋(レズビアン・ゲイ・バイセクシャル・トランスセクシュアル・インターセクシュアル・プラス)が唱道する二一世紀の壮大な社会革命への波及的な影響を検討する。ここでは、クィアの性的権利に関わる政治、性的マイノリティの深刻な集団的不安についての認識、さらに当事者以外の者を個人的、国民的、また国際的に喜ばせる形でのそれらの危機の道具化という、多層的かつ複雑な過程を再構築する。一方では、ＬＧＢＴＩ＋のグローバルな活動家たちは、(深刻なまでに周縁化された地域を最もよく理解していることから)アフリカやそれ以外の地域の特定の国々での同性愛フォビアの傾向の強い法律の制定に示されるような、性的マイノリティに関わる重大な人権侵害の事例を活用すべく、グローバル・サウスにおける機会をうかがってきた。他方では、二〇一四年の反同性愛法や、以前の英国流の反自然罪法のように、同性愛フォビア的な法的枠組みを通じた国策は、ウガンダのように多数派がキリスト教徒である国々の多くの宗教的保守主義が育む既に深刻な不寛容さをさらに強めるものである。性的マイノリティに対する数多くの殺害や身体的(または感情的)虐待が、実際に人権侵害緊急事態の国際宣言を招くレベルであるかどうかにかかわらず、国際的なメディアや活動家が流布する認識は、性的マイノリティが大量殺戮の存在論的脅威にさらされていることを立証しているかのように思わせる。この章が取り扱うそのようなメディアの言説は、LGBTI+の認知を拡大し、世界的な反同性愛的保守主義を覆すための骨組みとなっている。しかし事実とグローバルな意見/認識の乖離のゆえに、性的マイノリティの安全についての新たな解釈がますます必要とされている。

音楽とクィア政治は、短期間で起こる大量殺戮のような集合行為だけでなく、長期的にはより多くの命を奪いかねない、漸進的で一貫した生命に対する脅威に関わる世論に影響を与える能力をもっている。見逃されがちなことであるが、ウガンダのように統治が貧弱で汚職と公民権の剝奪が蔓延している国々では、「死因」に政治的な暗殺や貧弱な医療や暴徒の正義《モブ・ジャスティス》による死亡が多く含まれる。音楽や演劇の作品によって強化されるポピュリズムの影響力は、この状況を背景として育まれる。この庶民がもつセキュリティに対する懸念が、音楽を基盤とする政治家やその脇に位置する他の政治的主体が自らの政治的な関連性を埋め込む構造を生み出している。本章で扱う二つの若者が先導する運動体、すなわちボビ・ワインという音楽家名で知られるロバート・チャグラニが代弁する若者の運動とLG

BTI+アクティビズムは、必ずしもお互いに同意しているわけではない。しかし、これらは同じ敵を追跡しているように見える。ウガンダでの音楽を基盤とする政治にとって、現状に終止符を打つことが目標であることは自明であるが、クィア活動家と運動にとって、ウガンダの体制の問題は、同性愛フォビアのグローバルな社会における自らのスペースを求める闘争という、自らの大義に関わるものである。ここで扱うべき二つの主要な問題がある。本章の前半(第一節)では、ピープルパワー運動という、(選挙という仕組みで追認を図る)革命的絶対主義体制に反対するポピュリスト的政治の急進化の過程を説明する。後半では、クィアの性的権利要求の運動のグローバルな進展が、グローバルな影響を伴う国内政策と密接に結びつくメカニズムを明らかにする。

本章では、ウガンダ国内外の政治的動態と社会的言説を分析し、深く関係する出来事と無関係な出来事、予期された危機と思いがけず生じた危機の間の点を結び、それらの結びつきから生じる新たな危機を分析する。また、ウガンダの権威主義体制における対抗勢力が呈する脅威をめぐる関係学的動態の説明に関わる限りにおいて、グローバル的に意義のある国内的危機をめぐる国際的なメディアの言説も対象に入れる。

絶対主義に対する脅威

国政レベルにおいて、対抗勢力側の社会が一致して悪政とみなす状況を変革する努力は矛盾に直面してきた。民主的な変革の原動力たるべく政党は、内部的な統一の問題、連合内の対立、そして対抗勢力の統一に対する体制側の反動的な反応に苦慮せざるをえなかった。それゆえ究極的に、体制側は権力を掌握し続けてきた。

それでも体制側の絶対主義は、政治的現実の音楽的表現や(過去二〇年の都市化、若年人口爆発、ソーシャルメディア革命などの)しぶとい因果の錯綜に代表される、ある種の革命的契機の発生や再発という脅威に直面している。革命の諸形態という用語があるように、革命とは何を引き起こすものかという問いに答えを出すのには慎重にならざるをえない。ウガンダでは、過去三〇年間に、(限定的ながら)複数政党制の復活、若者層の増大などの世代間危機の高まり、公民権運動、政治における音楽の重要性の増大を目撃してきた。政治変動を分析するためには、関係性の錯綜と時間へのまなざしが必要とされるが、本章ではそれを音楽とクィア政治を中心に見ていく。

本章の枠組みでは、革命とは集合行為を表すのだが、さまざまな形で活動する対抗者は、さまざまな(また相反する)主張を追求する。しかし、すべての対抗者は、自らの安泰に対して好意的でないと彼らが認識している既成秩序を標的にする点で一致している。結果的に生じるものには、意図したものも、意図しなかったものもある。例えば、政治的音楽が争議を既成秩序の革命的変革の原動力とみなしていても、生じる事態は、政治権力の拠り所の移動であったり、変化の受益者が社会革命や政治革命と呼ぶ一連の行為の再定義であったりするかもしれない。また(アフリカの政治体制は、すべての資源を有利に利用できるため)彼らが権力の中枢を変えるのに十分な資源を集められなかったとしても、社会的意識を覚醒させるという彼らの使命自体が、すでに変革/変化であるといえる。それどころか、グローバルな文化におけるＬＧＢＴＩ＋の地位の普遍的な受容が特定の対抗者の原動力である場合、引き起こされる結末がＬＧＢＴＩ＋が社会革命あるいは社会変容を理解する文脈を構築することになる（生命が失われたり、甚大な暴力の深刻な危機にさらされていることが周知の事実である状況においては、二つの概念――革命と変容――が同じことを意味すると仮定しての話であるが）。

本章の関係学的分析では、音楽を基盤とし、既成の社会政治秩序の転覆を希求するポピュリズムは影響力を欠いたものではなく、庶民の自警行為を単なる操作や扇動に還元しないよう自覚しているものとみなす。変革の力を生み出すには、キザ・ベシジェ医師やその後のチャグラニが率いるポピュリズム運動の指導力は、必ずしもトップダウンなものだけではない。例えば、ピープルパワー運動は、指導者と支持者がともに代弁し、共感する要求によって中心的に定義される。そのような関係性には、オスティガイが説明したとおり（Ostiguy 2017）、庶民の政治的現実における社会文化的要素と政治文化的要素の両方が示されている。特に危険なことに、音楽に刺激を受けたポピュリズムは、強い規範的な意味合いを伴う一方で、主義主張としては、極右から左派的解放路線までにわたる、あたかも当たり前のように、ショッキングで挑発的な内容の担い手となる。そのような状況下での体制側の反動的対応は、暴力で封じようとするあまり、逆に対抗者のポピュリスト的なアイデンティティを強めてしまう。ウガンダの近年のポピュリズムでは、銃撃やその他の国家が采配した手段で野党のメンバーが殺害される度に、運動の側はより活性化され、集団的アイデンティティが強まるのである。

一　ボビ・ワインという要因とウガンダのピープルパワー運動

首都カンパラのゲットー（スラム）で生まれ育ったロバート・チャグラニは、裁判所が二〇一六年の投票結果を無効にした後、チャドンド東選挙区から補欠選挙で国会に当選した。政治における音楽の役割に支えられた新しい波が、刷新された共産主義イデオロギーを伴い、二〇一七年以降、ウガンダの政界を席巻している。この補欠選挙は、主要な野党である民主変革フォーラム（FDC）と複数政党制自体を試練にさらすことになった。無党派候補として立候補したチャグラニが、圧倒的な支持を得て当選したのだった。この勝利はウガンダの議会における無党派メンバーの顔を変えた。無所属議員は、二〇一七年のチャドンド東補欠選挙の前までは、政治的な嫌われ者として扱われていた。チャグラニの立候補と当選は、ピープルパワー運動を台頭させる前例のない歴史的な出来事となった。

政治における音楽の勝利は、議会政治だけでなく、二〇一七年以降、大学での代議員選挙にも影響を及ぼした。政治的支持は、国民が二〇〇五年に受容した複数政党制による政治から、それまで無政府主義的と見なされ、二〇世紀の数々の虐殺の原因として非難されていたポピュリズムへと移行した。二〇一七年に続く時期は、ウガンダの政治的アクティビズムおよび現代的なセキュリティの危機の新側面を再評価し、分析するうえでの決定的分岐点であるといえる。それは、国民抵抗運動（NRM）政権期において、最初の（非武装の）庶民寄りの運動は、二〇〇一年に「タスク・フォース」から組織された「改革アジェンダ」であった。この「改革アジェンダ」は、二〇〇一年の大統領選挙の後、二〇〇二年七月一二日に政党として正式に発足した。「改革アジェンダ」が表明した運動理念は、キザ・ベシジェの人となりそのものであった。それ以来、「改革アジェンダ」の支持者は、ベシジェ医師を、ヨウェリ・ムセベニ大統領に対抗する唯一の選択肢であると理解していた。ベシジェ以外に、国民抵抗運動のムセベニの選挙型権威主義体制を揺るがしうる、有効な野党勢力がもはやなかったからであった。

二〇一六年の選挙投票の直後、ベシジェは全国選挙委員会の発表に反し、人民政府の組織を発表した。人民政府という名で、選挙結果に不正があると信じていた大多数の国民に、まだ政治権力を取り戻す機会があることを示唆することが意図されていた。しかし、人民政府にはまったく人心が集まらず、二〇一七年のピープルパワー運動が登場した。その発足当時、ピープルパワー運動には政治的な顔はいなかった。大統領の年齢制限を撤廃する憲法改正案を受けて、議会のすべての野党勢力のリーダーが寄りあうための、集合的な傘に過ぎなかった。ところが、二〇一七年の補欠選挙以降、庶民の支持という政治資源は、音楽の才のあるロバート・チャグラニを顔とするピープルパワー運動へと劇的に移行した。

チャグラニはそれまでも「ボビ・ワイン」の歌手名で歌い、蔓延する社会的不正義を描いたミュージック・ビデオの制作に関わっていた。ムセベニ大統領に任命されたカンパラ市行政長官ジェニファー・ムシシに対し、スラムの貧しい人びとに対する残忍な行為をやめるよう求めた曲「トゥガンビレ・ク・ジェニファー」などがその例であるが、それまで彼のパフォーマンスは当局による制限の対象となったことがなかった。しかし、二〇一七年からは、チャグラニは検閲の対象となった。彼のコンサートのいくつかは無許可とみなされ、彼が支持者に接触することは厳しく制限された。

この制限は、舞台芸能や音楽演奏に関する植民地時代の法律の再検討と、メディアと娯楽に関する規制の再活性化を引き起こした。イギリスの植民地支配のあいだ、「罪深い」また「わいせつな」ダンスを禁止する法律が制定されていた。さらにイギリスの植民地行政官は、植民地支配に反対した者は誰でも「扇動」の罪で起訴した(Kakungulu-Mayambala et al. 2019: 49)。独立後のウガンダの政治体制、例えば、ミルトン・オボテやイディ・アミンの体制では、公共の場での政治権力の相互作用に音楽のメッセージを通じてアクセスすることを厳しく制限した。現在の体制(ムセベニの国民抵抗運動)は、当初は政治の分野における芸術作品に対して比較的寛容なアプローチをとっていたが、近年、警察を通じて複雑な手続き的制限を導入し始めた。現体制と芸術作品との複雑な関係は、ロバート・チャグラニ(ボビ・ワイン)が政治の領域に登場したことでさらに悪化した。二〇一七年に議会の議席を確保した後、チャグラニは、政権交代の民主的な選択肢として、音楽の政治的関連性を強め始めた。しかし二〇一七年以降、この歌手から転身した政治家は、集会の自由や集団的な抗議行動を規制する治安維持法(特に第五節)を根拠に、公演のステージ/コンサートへのアクセスを拒まれている[1]。さらに、二〇一八年に導入されたより厳しい規制がすべての芸術・芸能のパフォーマンスに課せられている[2]。これらの規制は、ウガンダにおける体制転換に熱狂的な人びとと芸能人が「反ボビ・ワイン法」(つまりこの規制は、政治的メッセージの普及からチャグラニを締め出すために課されたもの)と呼ぶものである。ウガンダには音楽に対する検閲の年譜があるが、対抗勢力寄りの芸術作品に対する厳しい規制の復活とそれらの残忍な執行は、それらの作品が、確立された現状に対する政治的脅威となっているという現実を描写しているように思われる。

音楽への転回と反動的な体制

世界において殺戮や虐殺の前兆があったように、従来型の政治への信頼からのシフトは自警政治への関心を焚きつける。政治的音楽——ベンヤミンのいう芸術の技術的複製(Benjamin 2008)——は、疑似民主制や権威主義体制がはびこる(アフリカ)大陸の政治的な相互作用に関連づけていうと、人々の政治に対する反応を変えることを求める。冷戦の終結以来、世界的に声望を高めた民主的な複数政党政治は、政治における芸術作品や公平な政治的代表を求めるポピュリスト的闘いの薫陶を受けた社会主義的あるいは共産主義的イデオロギーの影響を被ってきている。これは何を意味するのだろうか。共産主義およびそれに関連する虐殺への回帰なのか？ この種の探究は、ヴァルター・ベンヤミンによって最初に導入されたものだが、二一世紀においてもその関連性は続いている。私は、自警政治は、自己利害と、庶民が非代表的な政治体制(ウガンダでの政治的表現では、オムントゥ・ワ・ワンシ(庶民)から離れている)として認識するもの——あるいはそう認識せざるをえないもの——の打倒へのコミットメントを巻きこむものといいたい。とりわけウガンダやルワンダのような、対抗勢力の形成を一切容認しない権威主義体制は、対抗勢力寄りの芸術作品を自らの権力確立にきわめて危険なものと感じるのかもしれない。したがって型破りな政治的アクターは、体制の脇で活動せざるを得ず、並々ならぬ抑圧と人権侵害に直面する。しかし、芸術作品は、政権が強制する公空間における沈黙をそこで破ることができる空間を提供する。国家への恐怖は、仮装と模倣、芸術的な比喩、たとえ話によって神秘性が剝されるからである(Osofisan 1998)。

政治への音楽的アプローチは、若い世代を引きつけている。彼らの世代の必要性と相いれない政策のせいで、受容可能な生活条件への希望が粉砕されていると認識しているからである。それへの自然な魅力は、音楽のもつ社会的不正義や人権侵害を表現する潜在力に一因がある。さらに、文化的な雄弁さが伝統的に智者の証であった国においては特に、音楽は庶民に効果的に話しかけることができるからでもある。

反動的な反応の一部として、体制とその機関は、国家側の対抗的自警行為に従事するために資源を活用する。ピープルパワー運動が形成され、体制に脅威を呈しはじめた後、体制側も同様な動員を非公式に行うことが不可欠となった。多種多様な形で政治的対抗者たちが公共の場で殺害されたり、政治的な重要人物が謎のまま射殺されたりすると、国際的なセキュリティ面での懸念が生じる。それでも二一世紀の最初の一〇年の頃から、メディアへの妨害行為、政権の対抗者の不審な死や、抗議者の大量投獄など、明白な人権侵害が起こり続けている。二〇〇一年以来のエリート部隊による拷問や殺人、最近では、補欠選挙でのブギリ銃撃事件のような治安部隊に触発された選挙に関わる殺害事件(URL①)、ヤシン・カウマ銃撃のようなアルア銃撃事件、二〇一八年八月の政治活動家の逮捕、拷問と訴追(URL②)、リタナブケニア事件(URL③)、ケイユン・ダニエル事件(URL④)など、二〇二〇年初めの国家治安部隊が誘発させた殺害事件やこれらの一連の動きは、政治的な異議申し立てを徐々に根絶し、対抗勢力を刑務所に集める意図の強調と見ることができる。

暴力的なボトル投げ事件

一般大衆のあいだでは、体制を支持する音楽に対する強い憤懣の結果が、コンサートでの暴力行為に発展した。近年、体制支持派のミュージシャン、俳優、またブロガーらがパフォーマンスできる空間が狭まってきている。こうした状態は一〇年前には見られなかった。実際、二〇一六年の選挙に向けて、ムセベニ支持派の複数のトップミュージシャンが共作で「トゥボンガ・ナアウェ（あなたは私たちの全面的な支持を受けている）」という曲を発表した。この歌は、全国の選挙運動で使用され、二〇一六年の選挙による現体制の再確立に貢献した。これらのミュージシャンには、ベベ・クール（ムセベニ支持派の主要な音楽による動員係）、アイリーン・ナムビル、ジュリアナ・カニョモジ、レディオとウィーゼル（デュオ）、ジュディス・バビリエ、レマ・ナマクラ、ジョゼ・カメレオン、ムンジ、ウィルソン・ブゲンベ、が含まれていた。これは政治的音楽であり、公の場での使用は政権によって許可されていた。

その一方で、アダム・ムルワナの曲「ベシジェ・ソンガ・ムベレ」は、変革の機がとうに熟していると信じる者たちのあいだで人気が出た。この曲は、生活水準が悪化し続けるなか、体制側の現状維持とのスローガンに対する庶民の極度の疲労感を歌っていた。したがって、この曲がキザ・ベシジェへの庶民の支持を増やすことに貢献したのは間違いない。なぜなら、ベシジェが体制派に対するもっとも粘り強い対抗者であったからだ。政治の音楽的な表象は、社会的省察の重要な断面となった。音楽が体制支持者と脇に追いやられた政治的アジェンダとのあいだに、硬い想像上の境界線を作り出したのであった。

しかし二〇一六年の選挙後に、ムセベニ支持派の歌は、野党支持者から激しい批判にさらされはじめ、「トゥボンガ・ナアウェ」でコラボレーションをしたミュージシャンたちのボイコットが始まった。このボイコットは当初、民主変革フォーラムの指導部によって、音楽作品の市場でもある一般有権者へと呼びかけられた。これが、ステージに立つ有力ミュージシャンへの暴力的なボトル投げのはじまりであった。モーズィ・レディオとウィーゼルは、大統領選挙直後の二〇一六年三月、体制支持派音楽のボイコットのために、イガンガ地区のコンサートで石や椅子やボトルを投げつけられた（URL⑤）。他の何人かのミュージシャンたちも、庶民の怒りが静まるまで（場合によっては何年ものあいだ）、コンサートの開催を中止せざるをえなかった。

この複雑な時期は、それまで抑圧的な体制を音楽的に直接支援したことのないミュージシャンに好機を与えた。その移行期間をへて、チャグラニの政治的キャリアが二〇一七年以降、花開いたのであった。チャドンド東地区の議員として圧勝した後も、チャグラニは、庶民の政治的ニーズに彼の音楽が関連性をもっていることを忘れなかった。彼は、（体制の正当性を選挙区レベルで脅かしている状況である）公民権剝奪状態におかれている庶民が共鳴する政治的意味合いをもつ音楽を制作しつづけた。そうしたなか政権は、反動的な対応であるが、このミュージシャンから転身した政治家（チャグラニ）によって（あるいは彼のために）企画されたコンサートの開催を手続き的に（つまり警察を使い）阻止してきている。

それに対し、大衆は体制を支持するアーティストへの怒りを強めることで答えている。二〇一八年以降、政権支持派のアーティストに対する舞台上の暴力の新たな波が地元の大衆のあいだの隅々に浸透してきている。こうした暴力の表出は、当たり前のことだと軽視されるべきものではない。なぜなら、それが持続すればするほど、憤懣の根がより幅広い人々の間で共有されるからである。その結果、体制が庇護していると思われるすべての活動や人物が感じる恐怖（およびそれらへの脅し）は前例のないものとなった。野党寄りの音楽が蔓延しているさなかを、黄色（体制側を表象する色）の衣装を身につけて闊歩したり、黄色の車で通り抜けることは、危険になった。同様に、赤色の服装(チャグラニが主導するピープルパワー運動を表象する色)を身に着けている者は、国家による迫害の標的になる。つまり、それぞれの者の政治的な色と音楽が、その者の存在論的脅威の決定要因となっているのだ。

二　LGBTI+問題

冒頭で述べたとおり、本章での主な関心の一つは、ウガンダ国内の政治的ダイナミクスにおけるLGBTI+アクティビズムと、世界的にセクシュアリティを直ちに再編しようとする国際的な圧力の間の展開中の相互作用に着目することである。

ウガンダにおける二〇一四年の反同性愛法の制定は、短期的には、(国民抵抗運動が率いる)革命体制が自らの権力を強化する一助となった。その文化的・宗教的な保守主義のために、LGBTI+は、アフリカ政治においては、主体性をもつ運動の担い手を直接的また公然とリクルートするのに苦慮してきている。ウガンダもその例外ではない。LGBTI+の抗議活動は、(ムセベニ)大統領のキリスト教寄りの見解が国民多数派の見解と近しいがゆえに、悪名高いものと政治的にされ、(逆説的ながら)絶対主義的な政治的現状を真正なものとしてしまう。つまり、ローカルレベルでのLGBTI+の唱道は、教育や宗教を通じて製造された同性愛フォビアの文化的傾向性と衝突するとき、絶対主義の根を——予期しない方法で——さらに強化させるのである。ニャンジとカラマジ(Nyanzi and Karamagi 2015)が検証した二〇一四年の反同性愛法の制定過程に起こったLGBTI+の政治的流用は、一六年の大統領および国会選挙運動期間にも引き続き観察された。一九八六年以来ウガンダを統治してきたムセベニ大統領は、またも新たなアイデンティティ・ポリティクス――すなわち同性愛フォビアの国内多数派と性的マイノリティの認知に関するグローバルなアジェンダとのバランスをとることを必要とするそれ――に自らを巻き込むことになった。いずれにせよ、国民が有権者であるため、彼の同性愛フォビア側への支持は保証つきのものであったが、その結果、今日まで続くグローバル・アジェンダとの緊張がますます強まった。控えめにいっても、ムセベニ大統領としては、保守的な多数派有権者と立場をそろえる以外の選択肢はなかったともいえる。

しかし長期的な影響は、体制にとって致命的なものになるおそれがある。グローバルなLGBTI+運動は、ウガンダのような同性愛フォビアを容認する政府に国際的な制裁を科すと警告している。この文脈において、二〇一四年の反同性愛法の与党による国会での制定と大統領の法案への署名は、政治的絶対主義への脅威を分析するための関係性の錯綜点を提供している[3]。反同性愛法の制定後、アメリカ合衆国、デンマーク、オランダ、ノルウェー、オーストリア、スウェーデンを含む多くの西側の国々がウガンダへの人道援助の削減を表明した(URL⑥)。対外関係と経済は、ウガンダの体制存続を決定する重要な側面に含まれる。外部から揺るがされるとき、体制は国内の反対派に対して脆弱になる。たとえば、援助削減や、外交上の利益を失うか否かは国家の施策への対抗措置としてとられたものであるが、経済的衰退と外交的叱責の影響は社会全般に浸透する。加えて、グローバル・アジェンダに鼓舞されたものであるかどうかにかかわらず、国内のLGBTI+コミュニティは、抗議活動(とりわけ同性愛フォビアの大統領への抗議活動)に参加する用意が万全の主体性をもち合わせている。

二〇一〇年代後半以降ムセベニ政権に対する大きな脅威となってきているポピュリズムのうねりへ、この運動も貢献していきている。

二〇一四年の反同性愛法は、国際社会の批判を受け、裁判所が同年、法制定手続き上の問題を理由として無効(非効力)を宣言した。しかし国際的には、この一件は、アフリカ諸国のなかでもとりわけウガンダをめぐる新たなセキュリティの欠如の認識と国際的な人道主義言説の再活性化を引き起こした。ほどなく、ウガンダのLGBTI+コミュニティについて、人道的な緊急事態に瀕しており、西洋のLGBTI+に好意的な国々において難民認定するに値するといわれ始めた。また国際政治においてウガンダは、国家的に性的マイノリティを根絶しようと試みるヒュ－マニティの敵といわれるようになった。こうしたメディアの言説は、アフリカの同性愛嫌悪の国々にセキュリティの危機が潜在していることを示していると一般に理解されるようになった。いうまでもなく、これらの認識は影響力をもつ。

LGBTI+アジェンダのローカルな表象

ローカルなレベルでは、性的マイノリティが直面する脅威は、グローバルなレベルでいわれるほど深刻ではない。実際、「LGBTI+」や「性的マイノリティ」という概念は、正式な教育を受けた人の間でも、また教育を受けていない人の間でも、あまり馴染みのあるものではない。これらの用語は、ジェンダー学の専門家、ゲイ活動家や唱道者、LGBTI+コミュニティのあいだで用いられているだけである。より一般的なのは、同性愛(homosexuality)や、そのローカルな俗語であるエビシヤガ(ebisiyaga)という言葉である。その法的意味合いについては、以前はそれほど強調されていなかったが、エビシヤガの実践には社会的に否定的な意味合いが伴っていた。その一方で、性的マイノリティへの暴力行使の有無は、個々の家族や個人によるところが大きかった。聖書の否定的な解釈やそれ以外の情報源への人々の無関心のゆえに、学校、政府機関(裁判所、警察、刑務所)、病院など、すべての公的機関において、性的マイノリティであることは、処罰や更生に値する機能障害的なふるまいとみなされることが多かったであろう。

だが、こうした性的マイノリティに対する好意的でない社会認識のなか、地域のアクティビストの活動は、この国のグローバルな傘の中でみた同性愛フォビア性を立証する結果を見せている。カシヤ・ジャクリーン・ナバゲセラが、ウガンダにおけるセクシュアリティ空間をめぐる争議における主体性の担い手として際立っているが、彼女は次のように述べている。

私は、なぜ私が目立っていたのかその理由を覚えています。それは私が、それが犯罪であるとか、大ごとであると知らずに、公然と同性愛者として生きていたからです。しかし、私は学校から退学処分になり続けました。ついに、周りの女の子にラブレターを書くことがなぜいけないのか、他の者たちがなぜ異性にラブレターを書いているのかと言い出すまで。その後大学で、この問題が私にとってあまりに重大になり、同性愛について本を読み始めたのです。私は、憲法と刑法を理解し解釈するために法律学の授業を履修しました。また私は、どうしたら変化を起こすことができるか理解するために、人権アドボカシーの授業も履修しました。その後で、私は団体を設立しました。組織して一一年になります(URL⑦)。

カシャは、LGBTI+権利擁護の主要団体であるフリーダム・アンド・ロウム・ウガンダ(FARUG)の創設者である。アムネスティUSAによれば、活動への絶え間ない嫌がらせ、脅迫、攻撃にもかかわらず、カシャが公に、そしてメディアにおいてウガンダのLGBTI+のコミュニティのために唱道を続けているという。彼女は、個人的なセキュリティへの不安のため、家から家へと移り歩き、決して同じ場所に長くとどまることをしなかったという(URL⑧)。

別のウガンダの活動家である、サンドラ・ンテビは、次のように嘆く。

問題は、法ではなく、態度なのです。ウガンダの暴徒の正義はちょうどそのようにはじまります。私が車を運転するとき、窓は完全に閉めています。そして、私はどこを通り、どこを通れないかを知っています。私は繁華街に行かないし、タクシーに乗ることもできません。私は、誰が同性愛嫌悪者であるのか、そうでないのかわからないからです。

彼女は、マケレレ大学の法学研究員であり、LGBTI+のアイデンティティに属している。彼女は、(国際的なメディアである)エコノミスト誌が二〇一四年に可決された反同性愛法を扱った記事において紹介されている。ンテビは、たとえ、その反同性愛法が無効と裁定されても、社会慣習と植民地時代以来の法規が依然として同性愛者の迫害に適用されるおそれがあるため、LGBTI+の安全は確保できていないと見ている。だが、同性愛フォビアの状態は永遠ではないし、人びとの態度は時間とともに変化するというンテビの信念は、世界中で性的マイノリティの空間を確保するというＬＧＢＴＩ＋の大義を示している。こうしたンテビの立場は、ローカルに固有なパースペクティブというよりも、国際的な主体性を代弁しているといえる。

カシャも同様に、ＴＥＤトークショーのなかで、壮大な社会的な変化が可能であると信じていることを示している。

私たちは闘いをあきらめません。自由を獲得するための長い旅になることは知っています。その途上において、数々の命が奪われるだろうこともわかっています。多くの人びとが海外に庇護を求めることになること（それはすでに起こっています）も知っています。でも、闘いをあきらめたら、私たちを際立たせているものを獲得できないのです（ＵＲＬ⑦）。

おわりに

政治的な争議のさまざまな源泉には、互いに相いれない要求があるとしても、それらは社会全体に対し連結した影響を与える。ウガンダにおける音楽が先駆けとなり興隆したポピュリズムは、ローカルでグローバルな変容を構成する他の社会・政治的および文化的な潮流と錯綜している。このことが、ナショナルでグローバルなセキュリティの危機が議論されるべき範囲を広げている。ボビ・ワインが要因のポピュリズムもＬＧＢＴＩ＋の権利要求も、社会的な公民権剥奪をめぐる運動である点では同じである。しかし、これら二つのカテゴリーは、（少なくとも公然と）連立を組んで資源を集中させることはないであろう。とはいいながら、異なるレベルで既存のシステムに対抗する同じ空間を共有または占有している。別のいい方をすれば、音楽とＬＧＢＴＩ＋は、必ずしも同系列のイデオロギーで動いてはいないが、互いに重なり合う条件をもち、その条件下で体制に対抗する勢力に影響を与え、動員をしている。音楽のような芸術作品は、散り散りになっていた異議申し立ての源流を徐々に集約させ、既存の確立された体制へ深刻な脅威を呈するまでになっている。結果として生じたポピュリストの政治活動は、対抗勢力の統一を促し、複数政党制の政治（これは民主的な政治参加には中核的なものであろうが）に一抹の信頼性も与えていない。これは民主化論から好評をえるものではないだろう。音楽のような芸術作品は、従来型の政党に満足を示していない。独立系カテゴリーに属するポピュリスト系ミュージシャンへの政治的支持は、民主的移行論からのシフトを表しているように見える。社会・政治的な排除（公民権剥奪）に鼓舞されたポピュリズムやそれ以外の集合行為は、必ずしも、いわゆる民主的な改革に行き着くとは限らない（Mueller 2018: 11）。

セクシュアリティに関していえば、ウガンダ——さらにいえばアフリカ——は、（性的マイノリティ支持派と反対派という）競合する性的志向性／志向性喪失のための戦場である。上述のとおり、反同性愛法の制定は、逆説的ながら、アフリカのキリスト教の教義に根ざして同性愛を嫌悪する保守主義を迂回する空間をＬＧＢＴＩ＋のコミュニティに提供した。性的マイノリティが完全な解放を達成するには、植民地支配に基盤をもつ同性愛フォビアを、法制度や社会的な緊張を高めることを通じて脱構築するプロセスが求められるだろう。こうしたポスト植民地のネイションでのＬＧＢＴＩ＋文化をめぐる紛争は、同様な多数派／少数派間の緊張を内包する世界における、認証と統合を求める継続中の闘争の一つである。

注

（1） 二〇一三年治安維持法(Public Order Management Act 2013)。

（2） 一九四三年(二〇一八年改正)演劇娯楽法第四九章(Stage Plays and Public Entertainment Act 1943 (2018), Cap. 49)。

（3） 二〇一四年に大統領が署名をし、法律となった反同性愛法は、二〇〇九年に与党議員で福音派キリスト教徒のデイヴィッド・バハティがアメリカのキリスト教右派に影響を受け提出した法案が出発点となったものである。当初の法案に死刑の罰則が含まれていたため、「ゲイを殺せ」法案との悪名を得た。最終的に制定された法には極刑は含まれていない(Nyanzi and Karamagi 2015: 25)。

参考文献

Benjamin, Walter (2008) *The Work of Art in the Age of Mechanical Reproduction*, translated by J. A. Underwood, Penguin.(佐々木基一編集解説、高木久雄ほか訳『複製技術時代の芸術』晶文社、一九九九年)

Kakungulu-Mayambala, Ronald, Rukundo Solomon, and Victor Philip Makmot (2019) "An Examination of the Legislative Limitations of Artistic Freedom of Expression in Uganda," *African Journal of Legal Studies*, 12 (1).

Mueller, Lisa (2018) *Political Protest in Contemporary Africa*, Cambridge University Press.

Nyanzi, Stella and Andrew Karamagi (2015) "The Social-political Dynamics of the Anti-Homosexuality Legislation in Uganda," *Agenda*, 29(1).

Osofisan, Femi (1998) "'The Revolution as Muse': Drama as Surreptitious Insurrection in a Post-colonial, Military State," in Richard Boon and Jane Plastow eds., *Theatre Matters: Performance and Culture on the World Stage*, Cambridge University Press.

Ostiguy, Pierre (2017) "Populism: A Socio-cultural Approach," in Cristóbal Rovira Kaltwasser, Paul Taggart, Paulina Ochoa Espejo, and Pierre Ostiguy eds., *The Oxford Handbook of Populism*, Oxford University Press.

URL

① https://www.matookerepublic.com/2018/07/20/bugiri-by-election-police-shoots-dead-asuman-basalirwa-supporter/(二〇二〇年三月八日閲覧)

② https://www.hrw.org/news/2018/08/21/uganda-attacks-opposition-figures-media(二〇二〇年三月九日閲覧)

③ https://www.monitor.co.ug/News/National/Bobi-Wine-demands-CCTV-footage-Nabukenya-death/688334-5469722-n9fan4/index.html(二〇二〇年三月五日閲覧)

④ https://chimpreports.com/man-killed-as-people-power-fans-clash-with-ldus-in-nansana/(二〇二〇年三月五日閲覧)

⑤ http://newz.ug/music-boycott-mozey-radio-and-weasel-stoned-in-iganga-concert/comment-page-1/(二〇二〇年三月五日閲覧)

⑥ https://news.trust.org/item/20140226160032-td4jl/(二〇二〇年三月四日閲覧)

⑦ https://www.youtube.com/watch?v=q7rz3v588bQ(二〇二〇年三月二日閲覧)

⑧ https://www.amnestyusa.org/press-releases/ugandan-rights-activist-wins-top-human-rights-award-2/(二〇二〇年三月五日閲覧)

執筆者紹介

井上あえか(いのうえ・あえか)
1963 年生．就実大学教授．南アジア地域研究．

鈴木恵美(すずき・えみ)
1971 年生．福岡女子大学准教授．近現代エジプト政治史．

エメル・アクチャル(Emel Akçalı)
1977 年生．スウォンジー大学上級講師．社会運動論，比較政治学．

松永泰行(まつなが・やすゆき)　奥付参照．

岩坂将充(いわさか・まさみち)
1978 年生．北海学園大学准教授．比較政治学，現代トルコ政治研究．

錦田愛子(にしきだ・あいこ)
1977 年生．慶應義塾大学准教授．中東地域研究．

中山裕美(なかやま・ゆみ)
1983 年生．東京外国語大学准教授．国際関係論．

稲永祐介(いねなが・ゆうすけ)
1975 年生．東京外国語大学特定研究員．政治社会学．

イアン・カルシガリラ(Ian Karusigarira)
1983 年生．東京外国語大学大学院博士課程修了．政治社会学．

編集

松永泰行

1963 年生．東京外国語大学教授．比較政治学，国際関係論．著作に「上からの宗派主義化への抵抗――シーア派宗教国家下におけるクルド系国民とサラフィー主義」，酒井啓子編『現代中東の宗派問題――政治対立の「宗派化」と「新冷戦」』晃洋書房，“Islamic Dissent in Iran's Full-fledged Islamic Revolutionary State,” in Khoo Boo Teik, Vedi R. Hadiz, and Yoshihiro Nakanishi eds., *Between Dissent and Power : The Transformation of Islamic Politics in the Middle East and Asia*, Palgrave-Macmillan 等．

グローバル関係学 2

「境界」に現れる危機

2021 年 2 月 17 日　第 1 刷発行

編　者　松永泰行《まつながやすゆき》

発行者　岡 本　厚

発行所　株式会社 岩波書店

〒101-8002 東京都千代田区一ツ橋 2-5-5

電話案内 03-5210-4000

https://www.iwanami.co.jp/

印刷・法令印刷　カバー・半七印刷　製本・牧製本

ISBN 978-4-00-027055-7　Printed in Japan